TRANZLATY

La Langue est pour tout le Monde

La lingua è per tutti

Le Manifeste Communiste

Il Manifesto del Partito Comunista

Karl Marx
&
Friedrich Engels

Français / Italiano

Published by Tranzlaty
ISBN: 978-1-80572-386-8
Original text by Karl Marx and Friedrich Engels
The Communist Manifesto
First published in 1848
www.tranzlaty.com

Introduction
Introduzione

Un spectre hante l'Europe : le spectre du communisme
Uno spettro si aggira per l'Europa: lo spettro del comunismo
Toutes les puissances de la vieille Europe ont conclu une sainte alliance pour exorciser ce spectre
Tutte le potenze della vecchia Europa hanno stretto una santa alleanza per esorcizzare questo spettro
Le pape et le tsar, Metternich et Guizot, les radicaux français et les espions de la police allemande
Il Papa e lo Zar, Metternich e Guizot, i radicali francesi e le spie della polizia tedesca
Où est le parti dans l'opposition qui n'a pas été décrié comme communiste par ses adversaires au pouvoir ?
Dov'è il partito all'opposizione che non è stato denunciato come comunista dai suoi avversari al potere?
Où est l'opposition qui n'a pas rejeté le reproche de marque du communisme contre les partis d'opposition les plus avancés ?
Dov'è l'opposizione che non ha rigettato il rimprovero del comunismo contro i partiti di opposizione più avanzati?
Et où est le parti qui n'a pas porté l'accusation contre ses adversaires réactionnaires ?
E dov'è il partito che non ha mosso l'accusa contro i suoi avversari reazionari?
Deux choses résultent de ce fait
Da questo fatto derivano due cose
I. Le communisme est déjà reconnu par toutes les puissances européennes comme étant lui-même une puissance
I. Il comunismo è già riconosciuto da tutte le potenze europee come potenza
II. Il est grand temps que les communistes publient ouvertement, à la face du monde entier, leurs vues, leurs buts et leurs tendances

II. È tempo che i comunisti pubblichino apertamente, di fronte al mondo intero, le loro opinioni, i loro obiettivi e le loro tendenze

ils doivent répondre à ce conte enfantin du spectre du communisme par un manifeste du parti lui-même

devono far fronte a questa favola infantile dello Spettro del Comunismo con un Manifesto del partito stesso

À cette fin, des communistes de diverses nationalités se sont réunis à Londres et ont esquissé le manifeste suivant

A tal fine, comunisti di varie nazionalità si sono riuniti a Londra e hanno abbozzato il seguente Manifesto

ce manifeste sera publié en anglais, français, allemand, italien, flamand et danois

il manifesto sarà pubblicato in inglese, francese, tedesco, italiano, fiammingo e danese

Et maintenant, il doit être publié dans toutes les langues proposées par Tranzlaty

E ora sta per essere pubblicato in tutte le lingue offerte da Tranzlaty

Les bourgeois et les prolétaires
I borghesi e i proletari

L'histoire de toutes les sociétés qui ont existé jusqu'à présent est l'histoire des luttes de classes

La storia di tutte le società finora esistite è la storia delle lotte di classe

Homme libre et esclave, patricien et plébéien, seigneur et serf, maître de guilde et compagnon

Libero e schiavo, patrizio e plebeo, signore e servo della gleba, maestro di corporazione e garzone

en un mot, oppresseur et opprimé

in una parola, oppressore e oppresso

Ces classes sociales étaient en opposition constante les unes avec les autres

Queste classi sociali erano in costante opposizione l'una con l'altra

Ils se sont battus sans interruption. Maintenant caché, maintenant ouvert

Continuarono una lotta ininterrotta. Ora nascosto, ora aperto

un combat qui s'est terminé par une reconstitution révolutionnaire de la société dans son ensemble

una lotta che si è conclusa con una ricostituzione rivoluzionaria della società in generale

ou un combat qui s'est terminé par la ruine commune des classes en lutte

o una lotta che si concluse con la comune rovina delle classi contendenti

Jetons un coup d'œil aux époques antérieures de l'histoire

Guardiamo indietro alle epoche precedenti della storia

Nous trouvons presque partout un arrangement compliqué de la société en divers ordres

Troviamo quasi dappertutto una complicata organizzazione della società in vari ordini

Il y a toujours eu une gradation multiple du rang social

C'è sempre stata una molteplice gradazione di rango sociale

Dans la Rome antique, nous avons des patriciens, des chevaliers, des plébéiens, des esclaves

Nell'antica Roma abbiamo patrizi, cavalieri, plebei, schiavi

au Moyen Âge : seigneurs féodaux, vassaux, maîtres de corporation, compagnons, apprentis, serfs

nel Medioevo: feudatari, vassalli, maestri di corporazione, operai, apprendisti, servi della gleba

Dans presque toutes ces classes, encore une fois, les gradations subordonnées

In quasi tutte queste classi, ancora una volta, gradazioni subordinate

La société bourgeoise moderne est née des ruines de la société féodale

La moderna società borghese è germogliata dalle rovine della società feudale

Mais ce nouvel ordre social n'a pas fait disparaître les antagonismes de classe

Ma questo nuovo ordine sociale non ha eliminato gli antagonismi di classe

Elle n'a fait qu'établir de nouvelles classes et de nouvelles conditions d'oppression

Non ha fatto altro che stabilire nuove classi e nuove condizioni di oppressione

Il a mis en place de nouvelles formes de lutte à la place des anciennes

Ha stabilito nuove forme di lotta al posto di quelle vecchie

Cependant, l'époque dans laquelle nous nous trouvons possède un trait distinctif

Tuttavia, l'epoca in cui ci troviamo possiede una caratteristica distintiva

l'époque de la bourgeoisie a simplifié les antagonismes de classe

l'epoca della borghesia ha semplificato gli antagonismi di classe

La société dans son ensemble se divise de plus en plus en deux grands camps hostiles

La società nel suo insieme si sta sempre più dividendo in due grandi campi ostili

deux grandes classes sociales qui se font directement face : la bourgeoisie et le prolétariat

due grandi classi sociali direttamente fronteggiate: la borghesia e il proletariato

Des serfs du Moyen Âge sont sortis les bourgeois agréés des premières villes

Dai servi della gleba del Medioevo nacquero i borghesi delle prime città

C'est à partir de ces bourgeois que se sont développés les premiers éléments de la bourgeoisie

Da questi borghesi si svilupparono i primi elementi della borghesia

La découverte de l'Amérique et le contournement du Cap

La scoperta dell'America e l'aggiramento del Capo

ces événements ont ouvert un nouveau terrain à la bourgeoisie montante

questi avvenimenti aprirono un nuovo terreno alla nascente borghesia

Les marchés des Indes orientales et de la Chine, la colonisation de l'Amérique, le commerce avec les colonies

I mercati delle Indie orientali e della Cina, la colonizzazione dell'America, il commercio con le colonie

l'augmentation des moyens d'échange et des marchandises en général

l'aumento dei mezzi di scambio e delle merci in generale

Ces événements donnèrent au commerce, à la navigation et à l'industrie une impulsion jamais connue jusque-là

Questi eventi diedero al commercio, alla navigazione e all'industria un impulso mai conosciuto prima

Elle a donné un développement rapide à l'élément révolutionnaire dans la société féodale chancelante

Ha dato un rapido sviluppo all'elemento rivoluzionario nella vacillante società feudale

Les guildes fermées avaient monopolisé le système féodal de la production industrielle

Le corporazioni chiuse avevano monopolizzato il sistema feudale di produzione industriale

Mais cela ne suffisait plus aux besoins croissants des nouveaux marchés

Ma questo non bastava più per le crescenti esigenze dei nuovi mercati

Le système manufacturier a pris la place du système féodal de l'industrie

Il sistema manifatturiero prese il posto del sistema feudale dell'industria

Les maîtres de guilde étaient poussés d'un côté par la classe moyenne manufacturière

I maestri delle corporazioni erano spinti da una parte dalla classe media manifatturiera

La division du travail entre les différentes corporations a disparu

La divisione del lavoro tra le diverse corporazioni è scomparsa

La division du travail s'infiltrait dans chaque atelier

La divisione del lavoro penetrava in ogni singola officina

Pendant ce temps, les marchés ne cessaient de croître et la demande ne cessait d'augmenter

Nel frattempo, i mercati continuavano a crescere e la domanda in costante aumento

Même les usines ne suffisaient plus à répondre à la demande

Anche le fabbriche non erano più sufficienti a soddisfare le richieste

À partir de là, la vapeur et les machines ont révolutionné la production industrielle

Da allora, il vapore e i macchinari rivoluzionarono la produzione industriale

La place de fabrication a été prise par le géant de l'industrie moderne

Il posto di produzione è stato preso dal gigante Industria Moderna

La place de la classe moyenne industrielle a été prise par des millionnaires industriels

Il posto della classe media industriale è stato preso da milionari industriali

la place de chefs d'armées industrielles entières ont été prises par la bourgeoisie moderne

il posto dei capi di interi eserciti industriali fu preso dalla borghesia moderna

la découverte de l'Amérique a ouvert la voie à l'industrie moderne pour établir le marché mondial

la scoperta dell'America ha spianato la strada all'industria moderna per stabilire il mercato mondiale

Ce marché donna un immense développement au commerce, à la navigation et aux communications par terre

Questo mercato diede un immenso sviluppo al commercio, alla navigazione e alle comunicazioni via terra

Cette évolution a, en son temps, réagi à l'extension de l'industrie

Questo sviluppo ha reagito, a suo tempo, all'estensione dell'industria

elle a réagi proportionnellement à l'expansion de l'industrie et à l'extension du commerce, de la navigation et des chemins de fer

Ha reagito in proporzione all'estensione dell'industria e all'estensione del commercio, della navigazione e delle ferrovie

dans la même proportion que la bourgeoisie s'est développée, elle a augmenté son capital

nella stessa proporzione in cui la borghesia si è sviluppata, ha aumentato il suo capitale

et la bourgeoisie a relégué à l'arrière-plan toutes les classes héritées du Moyen Âge

e la borghesia mise in secondo piano tutte le classi tramandate dal Medioevo

c'est pourquoi la bourgeoisie moderne est elle-même le
produit d'un long développement
perciò la borghesia moderna è essa stessa il prodotto di un
lungo corso di sviluppo
On voit qu'il s'agit d'une série de révolutions dans les
modes de production et d'échange
Vediamo che si tratta di una serie di rivoluzioni nei modi di
produzione e di scambio
Chaque étape du développement de la bourgeoisie
s'accompagnait d'une avancée politique correspondante
Ogni passo di sviluppo della borghesia era accompagnato da
un corrispondente avanzamento politico
Une classe opprimée sous l'emprise de la noblesse féodale
Una classe oppressa sotto l'influenza della nobiltà feudale
Une association armée et autonome dans la commune
médiévale
un'associazione armata e autonoma nel comune medievale
ici, une république urbaine indépendante (comme en Italie
et en Allemagne)
qui, una repubblica urbana indipendente (come in Italia e in
Germania)
là, un « tiers état » imposable de la monarchie (comme en
France)
lì, un "terzo stato" tassabile della monarchia (come in Francia)
par la suite, dans la période de fabrication proprement dite
successivamente, nel periodo di fabbricazione propriamente
detto
la bourgeoisie servait soit la monarchie semi-féodale, soit la
monarchie absolue
la borghesia serviva sia la monarchia semifeudale che quella
assoluta
ou bien la bourgeoisie faisait contrepoids à la noblesse
o la borghesia faceva da contrappeso alla nobiltà
et, en fait, la bourgeoisie était une pierre angulaire des
grandes monarchies en général

e, in effetti, la borghesia era una pietra angolare delle grandi monarchie in generale

mais l'industrie moderne et le marché mondial se sont établis depuis lors

ma l'industria moderna e il mercato mondiale si sono affermati da allora

et la bourgeoisie s'est emparée de l'emprise politique exclusive

e la borghesia si è conquistata il dominio politico esclusivo

elle a obtenu cette influence politique à travers l'État représentatif moderne

ha raggiunto questo dominio politico attraverso il moderno Stato rappresentativo

Les exécutifs de l'État moderne ne sont qu'un comité de gestion

Gli esecutivi dello Stato moderno non sono altro che un comitato di gestione

et ils gèrent les affaires communes de toute la bourgeoisie

e dirigono gli affari comuni di tutta la borghesia

La bourgeoisie, historiquement, a joué un rôle des plus révolutionnaires

La borghesia, storicamente, ha svolto un ruolo rivoluzionario

Partout où elle a pris le dessus, elle a mis fin à toutes les relations féodales, patriarcales et idylliques

Ovunque abbia preso il sopravvento, ha posto fine a tutte le relazioni feudali, patriarcali e idilliache

Elle a impitoyablement déchiré les liens féodaux hétéroclites qui liaient l'homme à ses « supérieurs naturels »

Ha impietosamente spezzato i variegati legami feudali che legavano l'uomo ai suoi "superiori naturali"

et il n'y a plus de lien entre l'homme et l'homme, si ce n'est l'intérêt personnel

e non è rimasto alcun nesso tra uomo e uomo, se non il nudo interesse personale

Les relations de l'homme entre eux ne sont plus qu'un « paiement en espèces » impitoyable

Le relazioni reciproche dell'uomo non sono diventate altro che un insensibile "pagamento in contanti"

Elle a noyé les extases les plus célestes de la ferveur religieuse

Ha affogato le più celesti estasi di fervore religioso

elle a noyé l'enthousiasme chevaleresque et le sentimentalisme philistin

Ha affogato l'entusiasmo cavalleresco e il sentimentalismo filisteo

Il a noyé ces choses dans l'eau glacée du calcul égoïste

Ha annegato queste cose nell'acqua gelida del calcolo egoistico

Il a transformé la valeur personnelle en valeur échangeable

Ha trasformato il valore personale in valore di scambio

elle a remplacé les innombrables et inaliénables libertés garanties par la Charte

Ha sostituito le innumerevoli e inalienabili libertà sancite

et il a mis en place une liberté unique et inadmissible ; Libre-échange

e ha istituito un'unica, inconcepibile libertà; Libero scambio

En un mot, il l'a fait pour l'exploitation

In una parola, lo ha fatto per lo sfruttamento

Une exploitation voilée par des illusions religieuses et politiques

sfruttamento velato da illusioni religiose e politiche

l'exploitation voilée par une exploitation nue, éhontée, directe, brutale

sfruttamento velato da uno sfruttamento nudo, spudorato, diretto, brutale

la bourgeoisie a enlevé l'auréole de toutes les occupations jusque-là honorées et vénérées

la borghesia ha tolto l'aureola da ogni occupazione prima onorata e riverita

le médecin, l'avocat, le prêtre, le poète et l'homme de science

il medico, l'avvocato, il prete, il poeta e l'uomo di scienza

Il a converti ces travailleurs distingués en ses travailleurs salariés

Ha trasformato questi distinti lavoratori in lavoratori salariati retribuiti

La bourgeoisie a déchiré le voile sentimental de la famille

La borghesia ha strappato il velo sentimentale alla famiglia

et elle a réduit la relation familiale à une simple relation d'argent

e ha ridotto il rapporto familiare a un mero rapporto di denaro

la brutale démonstration de vigueur au Moyen Âge que les réactionnaires admirent tant

la brutale dimostrazione di vigore nel Medioevo che i reazionari tanto ammirano

Même cela a trouvé son complément approprié dans l'indolence la plus paresseuse

Anche questo trovava il suo giusto complemento nell'indolenza più indolente

La bourgeoisie a révélé comment tout cela s'est passé

La borghesia ha svelato come tutto questo sia avvenuto

La bourgeoisie a été la première à montrer ce que l'activité de l'homme peut produire

La borghesia è stata la prima a mostrare ciò che l'attività dell'uomo può produrre

Il a accompli des merveilles surpassant de loin les pyramides égyptiennes, les aqueducs romains et les cathédrales gothiques

Ha compiuto meraviglie che superano di gran lunga le piramidi egizie, gli acquedotti romani e le cattedrali gotiche

et il a mené des expéditions qui ont mis dans l'ombre tous les anciens Exodes des nations et les croisades

e ha condotto spedizioni che hanno messo in ombra tutti i precedenti Esodi di nazioni e crociate

La bourgeoisie ne peut exister sans révolutionner sans cesse les instruments de production

La borghesia non può esistere senza rivoluzionare costantemente gli strumenti di produzione

et par conséquent elle ne peut exister sans ses rapports à la production

e quindi non può esistere senza i suoi rapporti con la produzione

et donc elle ne peut exister sans ses relations avec la société

e quindi non può esistere senza le sue relazioni con la società

Toutes les classes industrielles antérieures avaient une condition en commun

Tutte le classi industriali precedenti avevano una condizione in comune

Ils s'appuyaient sur la conservation des anciens modes de production

Essi si basavano sulla conservazione dei vecchi modi di produzione

mais la bourgeoisie a apporté avec elle une dynamique tout à fait nouvelle

ma la borghesia portò con sé una dinamica completamente nuova

Révolution constante de la production et perturbation ininterrompue de toutes les conditions sociales

Rivoluzione costante della produzione e sconvolgimento ininterrotto di tutte le condizioni sociali

cette incertitude et cette agitation perpétuelles distinguent l'époque bourgeoise de toutes les époques antérieures

questa eterna incertezza e agitazione distingue l'epoca della borghesia da tutte quelle precedenti

Les relations antérieures avec la production s'accompagnaient de préjugés et d'opinions anciens et vénérables

I precedenti rapporti con la produzione erano accompagnati da antichi e venerabili pregiudizi e opinioni

Mais toutes ces relations figées et figées sont balayées d'un revers de main

Ma tutte queste relazioni fisse e congelate vengono spazzate via

Toutes les relations nouvellement formées deviennent archaïques avant de pouvoir s'ossifier

Tutte le relazioni di nuova formazione diventano antiquate
prima di potersi ossificare

**Tout ce qui est solide se fond dans l'air, et tout ce qui est
saint est profané**

Tutto ciò che è solido si scioglie nell'aria, e tutto ciò che è santo
è profanato

**L'homme est enfin forcé de faire face, avec des sens sobres, à
ses conditions réelles de vie**

L'uomo è finalmente costretto a guardare con sobrietà le sue
reali condizioni di vita

et il est obligé de faire face à ses relations avec les siens

ed è costretto ad affrontare i suoi rapporti con la sua specie

**La bourgeoisie a constamment besoin d'élargir ses marchés
pour ses produits**

La borghesia ha costantemente bisogno di espandere i suoi
mercati per i suoi prodotti

**et, à cause de cela, la bourgeoisie est poursuivie sur toute la
surface du globe**

e, per questo, la borghesia è inseguita su tutta la superficie del
globo

**La bourgeoisie doit se nicher partout, s'installer partout,
établir des liens partout**

La borghesia deve annidarsi dappertutto, stabilirsi
dappertutto, stabilire connessioni dappertutto

**La bourgeoisie doit créer des marchés dans tous les coins du
monde pour exploiter**

La borghesia deve creare mercati in ogni angolo del mondo da
sfruttare

**La production et la consommation dans tous les pays ont
reçu un caractère cosmopolite**

Alla produzione e al consumo di ogni paese è stato conferito
un carattere cosmopolita

**le chagrin des réactionnaires est palpable, mais il s'est
poursuivi malgré tout**

il dispiacere dei reazionari è palpabile, ma è andato avanti a
prescindere

La bourgeoisie a tiré de dessous les pieds de l'industrie le terrain national sur lequel elle se trouvait

La borghesia ha tratto da sotto i piedi dell'industria il terreno nazionale su cui si trovava

Toutes les anciennes industries nationales ont été détruites, ou sont détruites chaque jour

Tutte le vecchie industrie nazionali sono state distrutte, o vengono distrutte ogni giorno

Toutes les anciennes industries nationales sont délogées par de nouvelles industries

Tutte le vecchie industrie nazionali vengono spodestate da nuove industrie

Leur introduction devient une question de vie ou de mort pour toutes les nations civilisées

La loro introduzione diventa una questione di vita o di morte per tutte le nazioni civili

Ils sont délogés par les industries qui ne travaillent plus la matière première indigène

Vengono spodestati da industrie che non lavorano più materie prime indigene

Au lieu de cela, ces industries extraient des matières premières des zones les plus reculées

Invece, queste industrie estraggono materie prime dalle zone più remote

dont les produits sont consommés, non seulement chez nous, mais dans tous les coins du monde

industrie i cui prodotti vengono consumati, non solo a casa, ma in ogni parte del globo

À la place des anciens besoins, satisfaits par les productions du pays, nous trouvons de nouveaux besoins

Al posto dei vecchi bisogni, soddisfatti dalle produzioni del paese, troviamo nuovi bisogni

Ces nouveaux besoins exigent pour leur satisfaction les produits des pays et des climats lointains

Questi nuovi bisogni richiedono per la loro soddisfazione i prodotti di terre e climi lontani

À la place de l'ancien isolement et de l'autosuffisance locaux et nationaux, nous avons le commerce
Al posto della vecchia clausura e autosufficienza locale e nazionale, abbiamo il commercio

les échanges internationaux dans toutes les directions ; l'interdépendance universelle des nations
scambi internazionali in ogni direzione; interdipendenza universale delle nazioni

Et de même que nous sommes dépendants des matériaux, nous sommes dépendants de la production intellectuelle
E proprio come abbiamo dipendenza dai materiali, così dipendiamo dalla produzione intellettuale

Les créations intellectuelles des nations individuelles deviennent la propriété commune
Le creazioni intellettuali delle singole nazioni diventano proprietà comune

L'unilatéralité nationale et l'étroitesse d'esprit deviennent de plus en plus impossibles
L'unilateralità nazionale e la ristrettezza di vedute diventano sempre più impossibili

et des nombreuses littératures nationales et locales, surgit une littérature mondiale
e dalle numerose letterature nazionali e locali, nasce una letteratura mondiale

par l'amélioration rapide de tous les instruments de production
mediante il rapido miglioramento di tutti gli strumenti di produzione

par les moyens de communication immensément facilités
con i mezzi di comunicazione immensamente facilitati

La bourgeoisie entraîne tout le monde (même les nations les plus barbares) dans la civilisation
La borghesia trascina tutte le nazioni (anche le più barbare) nella civiltà

Les prix bon marché de ses marchandises ; l'artillerie lourde qui abat toutes les murailles chinoises

I prezzi bassi delle sue merci; l'artiglieria pesante che abbatte tutte le mura cinesi

La haine obstinée des barbares contre les étrangers est forcée de capituler

L'odio ostinatamente ostinato dei barbari contro gli stranieri è costretto a capitolare

Elle oblige toutes les nations, sous peine d'extinction, à adopter le mode de production bourgeois

Costringe tutte le nazioni, sotto pena di estinzione, ad adottare il modo di produzione borghese

elle les oblige à introduire ce qu'elle appelle la civilisation en leur sein

Li costringe a introdurre in mezzo a loro ciò che chiama civiltà

La bourgeoisie force les barbares à devenir eux-mêmes bourgeois

La borghesia costringe i barbari a diventare essi stessi borghesi

en un mot, la bourgeoisie crée un monde à son image

in una parola, la borghesia crea un mondo a sua immagine e somiglianza

La bourgeoisie a soumis les campagnes à la domination des villes

La borghesia ha assoggettato le campagne al dominio delle città

Il a créé d'énormes villes et considérablement augmenté la population urbaine

Ha creato enormi città e aumentato notevolmente la popolazione urbana

Il a sauvé une partie considérable de la population de l'idiotie de la vie rurale

Ha salvato una parte considerevole della popolazione dall'idiozia della vita rurale

mais elle a rendu les ruraux dépendants des villes

ma ha reso gli abitanti delle campagne dipendenti dalle città

et de même, elle a rendu les pays barbares dépendants des pays civilisés

e parimenti ha reso i paesi barbari dipendenti da quelli civilizzati

nations paysannes sur nations bourgeoises, l'Orient sur Occident

nazioni di contadini su nazioni di borghesia, l'Oriente sull'Occidente

La bourgeoisie se débarrasse de plus en plus de l'éparpillement de la population

La borghesia elimina sempre più lo stato disperso della popolazione

Il a une production agglomérée et a concentré la propriété entre quelques mains

Ha agglomerato la produzione e ha concentrato la proprietà in poche mani

La conséquence nécessaire de cela a été la centralisation politique

La conseguenza necessaria di ciò fu l'accentramento politico

Il y avait eu des nations indépendantes et des provinces vaguement reliées entre elles

C'erano state nazioni indipendenti e province vagamente collegate

Ils avaient des intérêts, des lois, des gouvernements et des systèmes d'imposition distincts

Avevano interessi, leggi, governi e sistemi fiscali separati

Mais ils ont été regroupés en une seule nation, avec un seul gouvernement

ma sono stati raggruppati in un'unica nazione, con un solo governo

Ils ont maintenant un intérêt de classe national, une frontière et un tarif douanier

Ora hanno un interesse nazionale di classe, una frontiera e una tariffa doganale

Et cet intérêt de classe national est unifié sous un seul code de loi

E questo interesse nazionale di classe è unificato sotto un unico codice di legge

la bourgeoisie a accompli beaucoup de choses au cours de son règne d'à peine cent ans

la borghesia ha fatto molto durante il suo dominio di appena cento anni

forces productives plus massives et plus colossales que toutes les générations précédentes réunies

forze produttive più massicce e colossali di tutte le generazioni precedenti messe insieme

Les forces de la nature sont soumises à la volonté de l'homme et de ses machines

Le forze della natura sono sottomesse alla volontà dell'uomo e delle sue macchine

La chimie s'applique à toutes les formes d'industrie et à tous les types d'agriculture

La chimica è applicata a tutte le forme di industria e a tutti i tipi di agricoltura

la navigation à vapeur, les chemins de fer, les télégraphes électriques et l'imprimerie

la navigazione a vapore, le ferrovie, i telegrafi elettrici e la stampa

défrichement de continents entiers pour la culture, canalisation des rivières

disboscamento di interi continenti per la coltivazione, canalizzazione dei fiumi

Des populations entières ont été extirpées du sol et mises au travail

intere popolazioni sono state evocate dal terreno e messe al lavoro

Quel siècle précédent avait ne serait-ce qu'un pressentiment de ce qui pourrait être déchaîné ?

Quale secolo precedente aveva avuto anche solo un presentimento di ciò che si sarebbe potuto scatenare?

Qui aurait prédit que de telles forces productives sommeillaient dans le giron du travail social ?

Chi aveva previsto che tali forze produttive dormissero nel grembo del lavoro sociale?

Nous voyons donc que les moyens de production et d'échange ont été générés dans la société féodale
Vediamo allora che i mezzi di produzione e di scambio sono stati generati nella società feudale

les moyens de production sur la base desquels la bourgeoisie s'est construite
i mezzi di produzione sulle cui fondamenta si è costruita la borghesia

À un certain stade du développement de ces moyens de production et d'échange
Ad un certo stadio dello sviluppo di questi mezzi di produzione e di scambio

les conditions dans lesquelles la société féodale produisait et échangeait
le condizioni in cui la società feudale produceva e scambiava

L'organisation féodale de l'agriculture et de l'industrie manufacturière
L'organizzazione feudale dell'agricoltura e dell'industria manifatturiera

Les rapports féodaux de propriété n'étaient plus compatibles avec les conditions matérielles
i rapporti feudali di proprietà non erano più compatibili con le condizioni materiali

Ils devaient être brisés, alors ils ont été brisés
Dovevano essere fatti a pezzi, quindi sono stati fatti a pezzi

À leur place s'est ajoutée la libre concurrence des forces productives
Al loro posto è entrata la libera concorrenza delle forze produttive

et ils étaient accompagnés d'une constitution sociale et politique adaptée à celle-ci
ed erano accompagnate da una costituzione sociale e politica ad essa adattata

et elle s'accompagnait de l'emprise économique et politique de la classe bourgeoise

ed era accompagnato dall'influenza economica e politica della classe borghese

Un mouvement similaire est en train de se produire sous nos yeux

Un movimento simile sta avvenendo sotto i nostri occhi

La société bourgeoise moderne avec ses rapports de production, d'échange et de propriété

La società borghese moderna con i suoi rapporti di produzione, di scambio e di proprietà

une société qui a inventé des moyens de production et d'échange aussi gigantesques

una società che ha evocato mezzi di produzione e di scambio così giganteschi

C'est comme le sorcier qui a invoqué les puissances de l'au-delà

È come lo stregone che ha evocato le potenze del mondo inferiore

Mais il n'est plus capable de contrôler ce qu'il a mis au monde

Ma non è più in grado di controllare ciò che ha portato nel mondo

Pendant de nombreuses décennies, l'histoire a été liée par un fil conducteur

Per molti decenni la storia passata è stata legata da un filo conduttore

L'histoire de l'industrie et du commerce n'a été que l'histoire des révoltes

La storia dell'industria e del commercio non è stata che la storia delle rivolte

Les révoltes des forces productives modernes contre les conditions modernes de production

le rivolte delle moderne forze produttive contro le moderne condizioni di produzione

Les révoltes des forces productives modernes contre les rapports de propriété

le rivolte delle moderne forze produttive contro i rapporti di proprietà

ces rapports de propriété sont les conditions de l'existence de la bourgeoisie

questi rapporti di proprietà sono le condizioni per l'esistenza della borghesia

et l'existence de la bourgeoisie détermine les règles des rapports de propriété

e l'esistenza della borghesia determina le regole dei rapporti di proprietà

Il suffit de mentionner le retour périodique des crises commerciales

Basti citare il periodico ritorno delle crisi commerciali

chaque crise commerciale est plus menaçante pour la société bourgeoise que la précédente

ogni crisi commerciale è più minacciosa per la società borghese della precedente

Dans ces crises, une grande partie des produits existants sont détruits

In queste crisi gran parte dei prodotti esistenti vengono distrutti

Mais ces crises détruisent aussi les forces productives créées précédemment

Ma queste crisi distruggono anche le forze produttive create in precedenza

Dans toutes les époques antérieures, ces épidémies auraient semblé une absurdité

In tutte le epoche precedenti queste epidemie sarebbero sembrate un'assurdità

parce que ces épidémies sont les crises commerciales de la surproduction

Perché queste epidemie sono le crisi commerciali della sovrapproduzione

La société se trouve soudain remise dans un état de barbarie momentanée

La società si ritrova improvvisamente rimessa in uno stato di
momentanea barbarie
**comme si une guerre universelle de dévastation avait coupé
tous les moyens de subsistance**
come se una guerra universale di devastazione avesse tagliato
ogni mezzo di sussistenza
**l'industrie et le commerce semblent avoir été détruits ; Et
pourquoi ?**
l'industria e il commercio sembrano essere stati distrutti; E
perché?
**Parce qu'il y a trop de civilisation et de moyens de
subsistance**
Perché c'è troppa civiltà e troppi mezzi di sussistenza
et parce qu'il y a trop d'industrie et trop de commerce
e perché c'è troppa industria, e troppo commercio
**Les forces productives à la disposition de la société ne
développent plus la propriété bourgeoise**
Le forze produttive a disposizione della società non
sviluppano più la proprietà borghese
**au contraire, ils sont devenus trop puissants pour ces
conditions, par lesquelles ils sont enchaînés**
Al contrario, sono diventati troppo potenti per queste
condizioni, dalle quali sono incatenati
**dès qu'ils surmontent ces entraves, ils mettent le désordre
dans toute la société bourgeoise**
non appena superano queste catene, portano il disordine in
tutta la società borghese
**et les forces productives mettent en danger l'existence de la
propriété bourgeoise**
e le forze produttive mettono in pericolo l'esistenza della
proprietà borghese
**Les conditions de la société bourgeoise sont trop étroites
pour englober les richesses qu'elles créent**
Le condizioni della società borghese sono troppo anguste per
comprendere la ricchezza da esse creata
Et comment la bourgeoisie surmonte-t-elle ces crises ?

E come fa la borghesia a superare queste crisi?

D'une part, elle surmonte ces crises par la destruction forcée d'une masse de forces productives

Da un lato, supera queste crisi con la distruzione forzata di una massa di forze produttive

D'autre part, elle surmonte ces crises par la conquête de nouveaux marchés

dall'altro, supera queste crisi con la conquista di nuovi mercati

et elle surmonte ces crises par l'exploitation plus poussée des anciennes forces productives

e supera queste crisi con lo sfruttamento più completo delle vecchie forze produttive

C'est-à-dire en ouvrant la voie à des crises plus étendues et plus destructrices

Vale a dire, aprendo la strada a crisi più estese e più distruttive

elle surmonte la crise en diminuant les moyens de prévention des crises

Supera la crisi diminuendo i mezzi con cui le crisi vengono prevenute

Les armes avec lesquelles la bourgeoisie a abattu le féodalisme sont maintenant retournées contre elle-même

Le armi con le quali la borghesia ha abbattuto il feudalesimo sono ora rivolte contro se stessa

Mais non seulement la bourgeoisie a-t-elle forgé les armes qui lui apportent la mort

Ma non solo la borghesia ha forgiato le armi che portano la morte a se stessa

Il a également appelé à l'existence les hommes qui doivent manier ces armes

Ha anche chiamato all'esistenza gli uomini che devono brandire quelle armi

Et ces hommes sont la classe ouvrière moderne ; Ce sont les prolétaires

e questi uomini sono la classe operaia moderna; sono i proletari

À mesure que la bourgeoisie se développe, le prolétariat se développe dans la même proportion

Nella misura in cui si sviluppa la borghesia, nella stessa proporzione si sviluppa il proletariato

La classe ouvrière moderne a développé une classe d'ouvriers

La classe operaia moderna ha sviluppato una classe di operai

Cette classe d'ouvriers ne vit que tant qu'elle trouve du travail

Questa classe di operai vive solo fino a quando trova lavoro

et ils ne trouvent de travail qu'aussi longtemps que leur travail augmente le capital

e trovano lavoro solo finché il loro lavoro aumenta il capitale

Ces ouvriers, qui doivent se vendre à la pièce, sont une marchandise

Questi operai, che devono vendersi a pezzi, sono una merce

Ces ouvriers sont comme tous les autres articles de commerce

Questi operai sono come ogni altro articolo di commercio

et, par conséquent, ils sont exposés à toutes les vicissitudes de la concurrence

e di conseguenza sono esposti a tutte le vicissitudini della concorrenza

Ils doivent faire face à toutes les fluctuations du marché

Devono resistere a tutte le fluttuazioni del mercato

En raison de l'utilisation intensive des machines et de la division du travail

A causa dell'uso estensivo di macchinari e della divisione del lavoro

Le travail des prolétaires a perdu tout caractère individuel

L'opera dei proletari ha perduto ogni carattere individuale

et, par conséquent, le travail des prolétaires a perdu tout charme pour l'ouvrier

E di conseguenza, il lavoro dei proletari ha perso ogni fascino per l'operaio

Il devient un appendice de la machine, plutôt que l'homme qu'il était autrefois
Diventa un'appendice della macchina, piuttosto che l'uomo che era una volta

On n'exige de lui que l'habileté la plus simple, la plus monotone et la plus facile à acquérir
Gli è richiesta solo l'abilità più semplice, monotona e più facile da acquisire

Par conséquent, le coût de production d'un ouvrier est limité
Quindi, il costo di produzione di un operaio è limitato

elle se limite presque entièrement aux moyens de subsistance dont il a besoin pour son entretien
essa è limitata quasi interamente ai mezzi di sussistenza di cui egli ha bisogno per il suo sostentamento

et elle est limitée aux moyens de subsistance dont il a besoin pour la propagation de sa race
ed è limitato ai mezzi di sussistenza di cui egli ha bisogno per la propagazione della sua razza

Mais le prix d'une marchandise, et par conséquent aussi du travail, est égal à son coût de production
Ma il prezzo di una merce, e quindi anche del lavoro, è uguale al suo costo di produzione

C'est pourquoi, à mesure que le travail répugnant augmente, le salaire diminue
In proporzione, quindi, all'aumentare della repulsività del lavoro, il salario diminuisce

Bien plus, le caractère répugnant de son travail augmente à un rythme encore plus grand
Anzi, la ripugnanza della sua opera aumenta a un ritmo ancora maggiore

À mesure que l'utilisation des machines et la division du travail augmentent, le fardeau du labeur augmente également
Con l'aumento dell'uso delle macchine e della divisione del lavoro, aumenta anche il peso della fatica

La charge de travail est augmentée par la prolongation du temps de travail

Il peso della fatica è aumentato dal prolungamento dell'orario di lavoro

On attend plus de l'ouvrier dans le même temps qu'auparavant

Ci si aspetta di più dall'operaio nello stesso tempo di prima

Et bien sûr, le poids du labeur est augmenté par la vitesse de la machine

e naturalmente il peso della fatica è aumentato dalla velocità della macchina

L'industrie moderne a transformé le petit atelier du maître patriarcal en la grande usine du capitaliste industriel

L'industria moderna ha trasformato la piccola bottega del padrone patriarcale nella grande fabbrica del capitalista industriale

Des masses d'ouvriers, entassés dans l'usine, s'organisent comme des soldats

Masse di operai, ammassati nella fabbrica, sono organizzati come soldati

En tant que simples soldats de l'armée industrielle, ils sont placés sous le commandement d'une hiérarchie parfaite d'officiers et de sergents

Come soldati semplici dell'esercito industriale sono posti sotto il comando di una perfetta gerarchia di ufficiali e sergenti

ils ne sont pas seulement les esclaves de la classe bourgeoise et de l'État

non sono solo gli schiavi della classe borghese e dello Stato

Mais ils sont aussi asservis quotidiennement et d'heure en heure par la machine

ma sono anche quotidianamente e ogni ora schiavizzati dalla macchina

ils sont asservis par le surveillant, et surtout par le fabricant bourgeois lui-même

essi sono schiavi dell'osservatore e, soprattutto, del singolo industriale borghese stesso

Plus ce despotisme proclame ouvertement que le gain est sa fin et son but, plus il est mesquin, plus haïssable et plus aigri

Quanto più apertamente questo dispotismo proclama il guadagno come suo fine e il suo scopo, tanto più meschino, tanto più odioso e più amareggiato è

Plus l'industrie moderne se développe, moins les différences entre les sexes sont grandes

Quanto più l'industria moderna si sviluppa, tanto minori sono le differenze tra i sessi

Moins le travail manuel exige d'habileté et d'effort de force, plus le travail des hommes est supplanté par celui des femmes

Quanto meno l'abilità e l'esercizio della forza implicano nel lavoro manuale, tanto più il lavoro degli uomini è sostituito da quello delle donne

Les différences d'âge et de sexe n'ont plus de validité sociale distincte pour la classe ouvrière

Le differenze di età e di sesso non hanno più alcuna validità sociale distintiva per la classe operaia

Tous sont des instruments de travail, plus ou moins coûteux à utiliser, selon leur âge et leur sexe

Sono tutti strumenti di lavoro, più o meno costosi da usare, a seconda dell'età e del sesso

dès que l'ouvrier reçoit son salaire en espèces, il est attaqué par les autres parties de la bourgeoisie

non appena l'operaio riceve il suo salario in contanti, allora è attaccato dalle altre parti della borghesia

le propriétaire, le commerçant, le prêteur sur gages, etc

il padrone di casa, il negoziante, il banco dei pegni, ecc

Les couches inférieures de la classe moyenne ; les petits commerçants et les commerçants

Gli strati inferiori della classe media; i piccoli artigiani e i negozianti

les commerçants retraités en général, et les artisans et les paysans

i commercianti in pensione, in generale, e gli artigiani e i contadini

tout cela s'enfonce peu à peu dans le prolétariat

tutti questi sprofondano a poco a poco nel proletariato

en partie parce que leur petit capital ne suffit pas à l'échelle sur laquelle l'industrie moderne est exercée

in parte perché il loro minuscolo capitale non è sufficiente per la scala su cui si svolge l'industria moderna

et parce qu'elle est submergée par la concurrence avec les grands capitalistes

e perché è sommersa dalla concorrenza con i grandi capitalisti

en partie parce que leur savoir-faire spécialisé est rendu sans valeur par les nouvelles méthodes de production

in parte perché la loro abilità specialistica è resa inutile dai nuovi metodi di produzione

Ainsi le prolétariat se recrute dans toutes les classes de la population

Così il proletariato è reclutato da tutte le classi della popolazione

Le prolétariat passe par différents stades de développement

Il proletariato attraversa vari stadi di sviluppo

Avec sa naissance commence sa lutte contre la bourgeoisie

Con la sua nascita inizia la sua lotta contro la borghesia

Dans un premier temps, la lutte est menée par des ouvriers individuels

All'inizio la lotta è portata avanti da singoli operai

Ensuite, le concours est mené par les ouvriers d'une usine

Poi la gara è portata avanti dagli operai di una fabbrica

Ensuite, la lutte est menée par les agents d'un métier, dans une localité

Poi la gara è condotta dagli operai di un mestiere, in una località

et la lutte est alors contre la bourgeoisie individuelle qui les exploite directement

e la contesa è allora contro la singola borghesia che li sfrutta direttamente

Ils ne dirigent pas leurs attaques contre les conditions de production de la bourgeoisie

Essi dirigono i loro attacchi non contro le condizioni di produzione della borghesia

mais ils dirigent leur attaque contre les instruments de production eux-mêmes

ma essi dirigono il loro attacco contro gli stessi strumenti di produzione

Ils détruisent les marchandises importées qui font concurrence à leur main-d'œuvre

distruggono le merci importate che competono con la loro manodopera

Ils brisent les machines et mettent le feu aux usines

Fanno a pezzi i macchinari e incendiano le fabbriche

ils cherchent à restaurer par la force le statut disparu de l'ouvrier du Moyen Âge

cercano di restaurare con la forza lo status scomparso dell'operaio del Medioevo

À ce stade, les ouvriers forment encore une masse incohérente dispersée dans tout le pays

In questa fase gli operai formano ancora una massa incoerente sparsa in tutto il paese

et ils sont brisés par leur concurrence mutuelle

e sono spezzati dalla loro reciproca concorrenza

S'ils s'unissent quelque part pour former des corps plus compacts, ce n'est pas encore la conséquence de leur propre union active

Se in qualche luogo si uniscono per formare corpi più compatti, ciò non è ancora la conseguenza della loro unione attiva

mais c'est une conséquence de l'union de la bourgeoisie, d'atteindre ses propres fins politiques

ma è una conseguenza dell'unione della borghesia, per raggiungere i propri fini politici

la bourgeoisie est obligée de mettre en mouvement tout le prolétariat

la borghesia è costretta a mettere in moto tutto il proletariato
et d'ailleurs, pour un temps, la bourgeoisie est capable de le faire
e inoltre, per un certo momento, la borghesia è in grado di farlo
À ce stade, les prolétaires ne combattent donc pas leurs ennemis
In questa fase, quindi, i proletari non combattono i loro nemici
mais au lieu de cela, ils combattent les ennemis de leurs ennemis
ma invece stanno combattendo i nemici dei loro nemici
La lutte contre les vestiges de la monarchie absolue et les propriétaires terriens
la lotta contro i resti della monarchia assoluta e i proprietari terrieri
ils combattent la bourgeoisie non industrielle ; la petite bourgeoisie
combattono la borghesia non industriale; la piccola borghesia
Ainsi tout le mouvement historique est concentré entre les mains de la bourgeoisie
Così tutto il movimento storico è concentrato nelle mani della borghesia
chaque victoire ainsi obtenue est une victoire pour la bourgeoisie
ogni vittoria così ottenuta è una vittoria per la borghesia
Mais avec le développement de l'industrie, le prolétariat ne se contente pas d'augmenter en nombre
Ma con lo sviluppo dell'industria il proletariato non solo aumenta di numero
le prolétariat se concentre en masses plus grandes et sa force s'accroît
il proletariato si concentra in masse più grandi e la sua forza cresce
et le prolétariat ressent de plus en plus cette force
e il proletariato sente sempre più questa forza

Les divers intérêts et conditions de vie dans les rangs du prolétariat sont de plus en plus égalisés
I diversi interessi e condizioni di vita nelle file del proletariato sono sempre più uguali

elles deviennent plus proportionnelles à mesure que les machines effacent toutes les distinctions de travail
Esse diventano tanto più in proporzione quanto più le macchine cancellano tutte le distinzioni di lavoro

et les machines réduisent presque partout les salaires au même bas niveau
e i macchinari quasi dappertutto riducono i salari allo stesso basso livello

La concurrence croissante entre la bourgeoisie et les crises commerciales qui en résultent rendent les salaires des ouvriers de plus en plus fluctuants
La crescente concorrenza tra la borghesia e le crisi commerciali che ne derivano rendono i salari degli operai sempre più fluttuanti

L'amélioration incessante des machines, qui se développe de plus en plus rapidement, rend leurs moyens d'existence de plus en plus précaires
L'incessante miglioramento delle macchine, in continuo sviluppo, rende il loro sostentamento sempre più precario

les collisions entre les ouvriers individuels et la bourgeoisie individuelle prennent de plus en plus le caractère de collisions entre deux classes
gli scontri tra i singoli operai e la borghesia individuale assumono sempre più il carattere di scontri tra due classi

Là-dessus, les ouvriers commencent à former des associations (syndicats) contre la bourgeoisie
A quel punto gli operai cominciano a formare associazioni (sindacati) contro la borghesia

Ils s'associent pour maintenir le taux des salaires
si associano per mantenere alto il ritmo dei salari

Ils fondèrent des associations permanentes afin de pourvoir à l'avance à ces révoltes occasionnelles

Fondarono associazioni permanenti per provvedere in
anticipo a queste rivolte occasionali
Ici et là, la lutte éclate en émeutes
Qua e là la contesa scoppia in rivolte
**De temps en temps, les ouvriers sont victorieux, mais
seulement pour un temps**
Di tanto in tanto gli operai sono vittoriosi, ma solo per un po'
**Le vrai fruit de leurs luttes n'est pas dans le résultat
immédiat, mais dans l'union toujours plus grande des
travailleurs**
Il vero frutto delle loro battaglie non sta nel risultato
immediato, ma nell'unione sempre più ampia dei lavoratori
**Cette union est favorisée par les moyens de communication
améliorés créés par l'industrie moderne**
Questa unione è favorita dal miglioramento dei mezzi di
comunicazione creati dall'industria moderna
**La communication moderne met en contact les travailleurs
de différentes localités les uns avec les autres**
La comunicazione moderna mette in contatto gli operai delle
diverse località gli uni con gli altri
**C'était précisément ce contact qui était nécessaire pour
centraliser les nombreuses luttes locales en une lutte
nationale entre les classes**
Era proprio questo contatto che era necessario per
centralizzare le numerose lotte locali in un'unica lotta
nazionale tra le classi
**Toutes ces luttes sont du même caractère, et toute lutte de
classe est une lutte politique**
Tutte queste lotte hanno lo stesso carattere, e ogni lotta di
classe è una lotta politica
**les bourgeois du moyen âge, avec leurs misérables routes,
mettaient des siècles à former leurs syndicats**
i borghesi del Medioevo, con le loro misere strade,
impiegarono secoli per formare le loro unioni
**Les prolétaires modernes, grâce aux chemins de fer, réalisent
leurs syndicats en quelques années**

I proletari moderni, grazie alle ferrovie, realizzano le loro unioni nel giro di pochi anni

Cette organisation des prolétaires en classe les a donc formés en parti politique

Questa organizzazione dei proletari in classe li formò di conseguenza in un partito politico

La classe politique est continuellement bouleversée par la concurrence entre les travailleurs eux-mêmes

La classe politica è continuamente sconvolta dalla concorrenza tra gli stessi lavoratori

Mais la classe politique continue de se soulever, plus forte, plus ferme, plus puissante

Ma la classe politica continua a rialzarsi, più forte, più ferma, più potente

Elle oblige la législation à reconnaître les intérêts particuliers des travailleurs

Obbliga il riconoscimento legislativo degli interessi particolari dei lavoratori

il le fait en profitant des divisions au sein de la bourgeoisie elle-même

lo fa approfittando delle divisioni all'interno della stessa borghesia

C'est ainsi qu'en Angleterre fut promulguée la loi sur les dix heures

Così il disegno di legge delle dieci ore in Inghilterra è stato convertito in legge

à bien des égards, les collisions entre les classes de l'ancienne société sont en outre le cours du développement du prolétariat

per molti versi gli scontri tra le classi della vecchia società sono inoltre il corso dello sviluppo del proletariato

La bourgeoisie se trouve engagée dans une bataille de tous les instants

La borghesia si trova coinvolta in una battaglia costante

Dans un premier temps, il se trouvera impliqué dans une bataille constante avec l'aristocratie

All'inizio si troverà coinvolto in una costante battaglia con
l'aristocrazia
**plus tard, elle se trouvera engagée dans une lutte constante
avec ces parties de la bourgeoisie elle-même**
in seguito si troverà coinvolta in una lotta costante con quelle
parti della borghesia stessa
**et leurs intérêts seront devenus antagonistes au progrès de
l'industrie**
e i loro interessi saranno divenuti antagonisti al progresso
dell'industria
**à tout moment, leurs intérêts seront devenus antagonistes
avec la bourgeoisie des pays étrangers**
in ogni momento, i loro interessi saranno diventati antagonisti
con la borghesia dei paesi stranieri
**Dans toutes ces batailles, elle se voit obligée de faire appel
au prolétariat et lui demande son aide**
In tutte queste battaglie si vede costretto a fare appello al
proletariato e chiede il suo aiuto
**Et ainsi, il se sentira obligé de l'entraîner dans l'arène
politique**
E quindi, si sentirà in dovere di trascinarlo nell'arena politica
**C'est pourquoi la bourgeoisie elle-même fournit au
prolétariat ses propres instruments d'éducation politique et
générale**
La borghesia stessa fornisce quindi al proletariato i propri
strumenti di educazione politica e generale
**c'est-à-dire qu'il fournit au prolétariat des armes pour
combattre la bourgeoisie**
in altre parole, fornisce al proletariato le armi per combattere
la borghesia
**De plus, comme nous l'avons déjà vu, des sections entières
des classes dominantes sont précipitées dans le prolétariat**
Inoltre, come abbiamo già visto, interi settori delle classi
dominanti sono precipitati nel proletariato
le progrès de l'industrie les aspire dans le prolétariat
l'avanzata dell'industria li risucchia nel proletariato

ou, du moins, ils sont menacés dans leurs conditions d'existence

O, almeno, sono minacciati nelle loro condizioni di esistenza

Ceux-ci fournissent également au prolétariat de nouveaux éléments d'illumination et de progrès

Esse forniscono anche al proletariato nuovi elementi di illuminazione e di progresso

Enfin, à l'approche de l'heure décisive de la lutte des classes

Infine, nei momenti in cui la lotta di classe si avvicina all'ora decisiva

le processus de dissolution en cours au sein de la classe dirigeante

il processo di dissoluzione in corso all'interno della classe dominante

En fait, la dissolution en cours au sein de la classe dirigeante se fera sentir dans toute la société

In effetti, la dissoluzione in atto all'interno della classe dominante si farà sentire in tutta la gamma della società

Il prendra un caractère si violent et si flagrant qu'une petite partie de la classe dirigeante se laissera aller à la dérive

Assumerà un carattere così violento e lampante che una piccola parte della classe dominante si ridurrà alla deriva

et que la classe dirigeante rejoindra la classe révolutionnaire

e che la classe dominante si unirà alla classe rivoluzionaria

La classe révolutionnaire étant la classe qui tient l'avenir entre ses mains

La classe rivoluzionaria è la classe che ha il futuro nelle sue mani

Comme à une époque antérieure, une partie de la noblesse passa dans la bourgeoisie

Proprio come in un periodo precedente, una parte della nobiltà passò alla borghesia

de la même manière qu'une partie de la bourgeoisie passera au prolétariat

allo stesso modo una parte della borghesia passerà al proletariato

en particulier, une partie de la bourgeoisie passera à une partie des idéologues de la bourgeoisie

in particolare, una parte della borghesia passerà a una parte degli ideologi borghesi

Des idéologues bourgeois qui se sont élevés au niveau de la compréhension théorique du mouvement historique dans son ensemble

Ideologi borghesi che si sono elevati al livello di comprensione teorica del movimento storico nel suo insieme

De toutes les classes qui se trouvent aujourd'hui en face de la bourgeoisie, seule le prolétariat est une classe vraiment révolutionnaire

Di tutte le classi che oggi si trovano faccia a faccia con la borghesia, solo il proletariato è una classe veramente rivoluzionaria

Les autres classes se dégradent et finissent par disparaître devant l'industrie moderne

Le altre classi decadono e alla fine scompaiono di fronte all'industria moderna

le prolétariat est son produit spécial et essentiel

il proletariato è il suo prodotto speciale ed essenziale

La petite bourgeoisie, le petit industriel, le commerçant, l'artisan, le paysan

La piccola borghesia, il piccolo industriale, il negoziante, l'artigiano, il contadino

toutes ces luttes contre la bourgeoisie

tutte queste lotte contro la borghesia

Ils se battent en tant que fractions de la classe moyenne pour se sauver de l'extinction

Combattono come frazioni della classe media per salvarsi dall'estinzione

Ils ne sont donc pas révolutionnaires, mais conservateurs

Non sono quindi rivoluzionari, ma conservatori

Bien plus, ils sont réactionnaires, car ils essaient de faire reculer la roue de l'histoire

Anzi, sono reazionari, perché cercano di far tornare indietro la ruota della storia

Si par hasard ils sont révolutionnaires, ils ne le sont qu'en vue de leur transfert imminent dans le prolétariat

Se per caso sono rivoluzionari, lo sono solo in vista del loro imminente passaggio al proletariato

Ils défendent ainsi non pas leurs intérêts présents, mais leurs intérêts futurs

In questo modo non difendono i loro interessi presenti, ma quelli futuri

ils désertent leur propre point de vue pour se placer à celui du prolétariat

abbandonano il proprio punto di vista per porsi a quello del proletariato

La « classe dangereuse », la racaille sociale, cette masse en décomposition passive rejetée par les couches les plus basses de la vieille société

La "classe pericolosa", la feccia sociale, quella massa passivamente in putrefazione gettata via dagli strati più bassi della vecchia società

Ils peuvent, ici et là, être entraînés dans le mouvement par une révolution prolétarienne

Possono, qua e là, essere trascinati nel movimento da una rivoluzione proletaria

Ses conditions de vie, cependant, le préparent beaucoup plus au rôle d'instrument soudoyé de l'intrigue réactionnaire

Le sue condizioni di vita, tuttavia, lo preparano molto di più alla parte di uno strumento corrotto di intrighi reazionari

Dans les conditions du prolétariat, ceux de l'ancienne société dans son ensemble sont déjà virtuellement submergés

Nelle condizioni del proletariato, quelle della vecchia società in generale sono già virtualmente sommerse

Le prolétaire est sans propriété

Il proletario è senza proprietà

ses rapports avec sa femme et ses enfants n'ont plus rien de commun avec les relations familiales de la bourgeoisie

il suo rapporto con la moglie e i figli non ha più nulla in comune con i rapporti familiari della borghesia

le travail industriel moderne, la sujétion moderne au capital, la même en Angleterre qu'en France, en Amérique comme en Allemagne

Il lavoro industriale moderno, la sudditanza moderna al capitale, lo stesso in Inghilterra come in Francia, in America come in Germania

Sa condition dans la société l'a dépouillé de toute trace de caractère national

La sua condizione sociale lo ha spogliato di ogni traccia di carattere nazionale

La loi, la morale, la religion, sont pour lui autant de préjugés bourgeois

La legge, la morale, la religione, sono per lui altrettanti pregiudizi borghesi

et derrière ces préjugés se cachent en embuscade autant d'intérêts bourgeois

e dietro questi pregiudizi si nascondono in agguato altrettanti interessi borghesi

Toutes les classes précédentes, qui ont pris le dessus, ont cherché à fortifier leur statut déjà acquis

Tutte le classi precedenti che hanno preso il sopravvento, hanno cercato di fortificare il loro status già acquisito

Ils l'ont fait en soumettant la société dans son ensemble à leurs conditions d'appropriation

Lo hanno fatto sottoponendo la società in generale alle loro condizioni di appropriazione

Les prolétaires ne peuvent pas devenir maîtres des forces productives de la société

I proletari non possono diventare padroni delle forze produttive della società

elle ne peut le faire qu'en abolissant son propre mode d'appropriation antérieur

Può farlo solo abolendo il loro precedente modo di appropriazione

et par là même elle abolit tout autre mode d'appropriation antérieur

e con ciò abolisce anche ogni altro modo precedente di appropriazione

Ils n'ont rien à eux pour s'assurer et se fortifier

Non hanno nulla di loro da proteggere e da fortificare

Leur mission est de détruire toutes les sûretés antérieures et les assurances de biens individuels

La loro missione è quella di distruggere tutti i precedenti titoli e le assicurazioni sulla proprietà individuale

Tous les mouvements historiques antérieurs étaient des mouvements de minorités

Tutti i movimenti storici precedenti erano movimenti di minoranze

ou bien il s'agissait de mouvements dans l'intérêt des minorités

o erano movimenti nell'interesse delle minoranze

Le mouvement prolétarien est le mouvement conscient et indépendant de l'immense majorité

Il movimento proletario è il movimento autocosciente e indipendente dell'immensa maggioranza

Et c'est un mouvement dans l'intérêt de l'immense majorité

Ed è un movimento nell'interesse dell'immensa maggioranza

Le prolétariat, couche la plus basse de notre société actuelle

Il proletariato, lo strato più basso della nostra società attuale

elle ne peut ni s'agiter ni s'élever sans que toutes les couches supérieures de la société officielle ne soient soulevées en l'air

Non può muoversi o sollevarsi senza che tutti gli strati sovrastanti della società ufficiale siano balzati in aria

Loin d'être dans le fond, mais dans la forme, la lutte du prolétariat contre la bourgeoisie est d'abord une lutte nationale

Anche se non nella sostanza, ma nella forma, la lotta del proletariato contro la borghesia è in primo luogo una lotta nazionale

Le prolétariat de chaque pays doit, bien entendu, régler d'abord ses affaires avec sa propre bourgeoisie

Il proletariato di ogni paese deve, naturalmente, prima di tutto risolvere i conti con la propria borghesia

En décrivant les phases les plus générales du développement du prolétariat, nous avons retracé la guerre civile plus ou moins voilée

Nel dipingere le fasi più generali dello sviluppo del proletariato, abbiamo tracciato la guerra civile più o meno velata

Ce civil fait rage au sein de la société existante

Questo civile sta imperversando all'interno della società esistente

Elle fera rage jusqu'au point où cette guerre éclatera en révolution ouverte

Infurierà fino al punto in cui la guerra scoppierà in una rivoluzione aperta

et alors le renversement violent de la bourgeoisie jette les bases de l'emprise du prolétariat

e poi il rovesciamento violento della borghesia pone le basi per il dominio del proletariato

Jusqu'à présent, toute forme de société a été fondée, comme nous l'avons déjà vu, sur l'antagonisme des classes oppressives et opprimées

Finora, ogni forma di società si è basata, come abbiamo già visto, sull'antagonismo tra classi oppresse e oppresse

Mais pour opprimer une classe, il faut lui assurer certaines conditions

Ma per opprimere una classe, è necessario assicurarle certe condizioni

La classe doit être maintenue dans des conditions dans lesquelles elle peut, au moins, continuer son existence servile

La classe deve essere mantenuta in condizioni in cui possa,
almeno, continuare la sua esistenza servile

**Le serf, à l'époque du servage, s'élevait lui-même au rang
d'adhérent à la commune**

Il servo della gleba, nel periodo della servitù della gleba, si
elevò a membro della comune

**de même que la petite bourgeoisie, sous le joug de
l'absolutisme féodal, a réussi à se développer en bourgeoisie**

così come la piccola borghesia, sotto il giogo dell'assolutismo
feudale, è riuscita a trasformarsi in borghesia

**L'ouvrier moderne, au contraire, au lieu de s'élever avec les
progrès de l'industrie, s'enfonce de plus en plus
profondément**

L'operaio moderno, al contrario, invece di elevarsi con il
progresso dell'industria, sprofonda sempre più

**il s'enfonce au-dessous des conditions d'existence de sa
propre classe**

sprofonda al di sotto delle condizioni di esistenza della
propria classe

**Il devient pauvre, et le paupérisme se développe plus
rapidement que la population et la richesse**

Diventa un povero, e il pauperismo si sviluppa più
rapidamente della popolazione e della ricchezza

**Et c'est là qu'il devient évident que la bourgeoisie n'est plus
apte à être la classe dominante dans la société**

E qui diventa evidente che la borghesia non è più adatta ad
essere la classe dominante nella società

**et elle n'est pas digne d'imposer ses conditions d'existence à
la société comme une loi prépondérante**

ed è inadatto a imporre le sue condizioni di esistenza alla
società come una legge suprema

**Il est inapte à gouverner parce qu'il est incompétent pour
assurer une existence à son esclave dans son esclavage**

È inadatto a governare perché è incapace di assicurare
un'esistenza al suo schiavo all'interno della sua schiavitù

parce qu'il ne peut s'empêcher de le laisser sombrer dans un tel état, qu'il doit le nourrir, au lieu d'être nourri par lui

perché non può fare a meno di lasciarlo sprofondare in un tale stato, che deve nutrirlo, invece di essere nutrito da lui

La société ne peut plus vivre sous cette bourgeoisie

La società non può più vivere sotto questa borghesia

En d'autres termes, son existence n'est plus compatible avec la société

In altre parole, la sua esistenza non è più compatibile con la società

La condition essentielle de l'existence et de l'influence de la classe bourgeoise est la formation et l'accroissement du capital

La condizione essenziale per l'esistenza e per l'influenza della classe borghese è la formazione e l'accrescimento del capitale

La condition du capital, c'est le salariat-travail

La condizione per il capitale è il lavoro salariato

Le travail salarié repose exclusivement sur la concurrence entre les travailleurs

Il lavoro salariato si basa esclusivamente sulla concorrenza tra gli operai

Le progrès de l'industrie, dont le promoteur involontaire est la bourgeoisie, remplace l'isolement des ouvriers

Il progresso dell'industria, il cui promotore involontario è la borghesia, sostituisce l'isolamento degli operai

en raison de la concurrence, en raison de leur combinaison révolutionnaire, en raison de l'association

a causa della concorrenza, a causa della loro combinazione rivoluzionaria, a causa dell'associazione

Le développement de l'industrie moderne lui coupe sous les pieds les fondements mêmes sur lesquels la bourgeoisie produit et s'approprie les produits

Lo sviluppo dell'industria moderna toglie da sotto i suoi piedi le fondamenta stesse su cui la borghesia produce e si appropria dei prodotti

Ce que la bourgeoisie produit avant tout, ce sont ses propres fossoyeurs

Ciò che la borghesia produce, soprattutto, sono i suoi becchini

La chute de la bourgeoisie et la victoire du prolétariat sont également inévitables

La caduta della borghesia e la vittoria del proletariato sono ugualmente inevitabili

Prolétaires et communistes
Proletari e comunisti

Quel est le rapport des communistes vis-à-vis de l'ensemble des prolétaires ?
In che rapporto si collocano i comunisti con l'insieme dei proletari?

Les communistes ne forment pas un parti séparé opposé aux autres partis de la classe ouvrière
I comunisti non formano un partito separato che si contrappone agli altri partiti della classe operaia

Ils n'ont pas d'intérêts séparés de ceux du prolétariat dans son ensemble
Essi non hanno interessi separati e separati da quelli del proletariato nel suo insieme

Ils n'établissent pas de principes sectaires qui leur soient propres pour façonner et modeler le mouvement prolétarien
Essi non stabiliscono alcun principio settario proprio, con il quale plasmare e plasmare il movimento proletario

Les communistes ne se distinguent des autres partis ouvriers que par deux choses
I comunisti si distinguono dagli altri partiti operai solo per due cose

Premièrement, ils signalent et mettent en avant les intérêts communs de l'ensemble du prolétariat, indépendamment de toute nationalité
In primo luogo, essi mettono in evidenza e mettono in primo piano gli interessi comuni di tutto il proletariato, indipendentemente da ogni nazionalità

C'est ce qu'ils font dans les luttes nationales des prolétaires des différents pays
Questo fanno nelle lotte nazionali dei proletari dei diversi paesi

Deuxièmement, ils représentent toujours et partout les intérêts du mouvement dans son ensemble

In secondo luogo, essi rappresentano sempre e ovunque gli interessi del movimento nel suo insieme

c'est ce qu'ils font dans les différents stades de développement par lesquels doit passer la lutte de la classe ouvrière contre la bourgeoisie

questo fanno nei vari stadi di sviluppo, attraverso i quali deve passare la lotta della classe operaia contro la borghesia

Les communistes sont donc, d'une part, pratiquement, la section la plus avancée et la plus résolue des partis ouvriers de tous les pays

I comunisti, quindi, sono da una parte, praticamente, la parte più avanzata e risoluta dei partiti operai di tutti i paesi

Ils sont cette section de la classe ouvrière qui pousse en avant toutes les autres

Sono quella parte della classe operaia che spinge avanti tutte le altre

Théoriquement, ils ont aussi l'avantage de bien comprendre la ligne de marche

In teoria, hanno anche il vantaggio di comprendere chiaramente la linea di marcia

C'est ce qu'ils comprennent mieux par rapport à la grande masse du prolétariat

Lo capiscono meglio se paragonato alla grande massa del proletariato

Ils comprennent les conditions et les résultats généraux ultimes du mouvement prolétarien

Essi comprendono le condizioni e i risultati generali ultimi del movimento proletario

Le but immédiat du Parti communiste est le même que celui de tous les autres partis prolétariens

Lo scopo immediato del comunista è lo stesso di tutti gli altri partiti proletari

Leur but est la formation du prolétariat en classe

Il loro scopo è la formazione del proletariato in una classe

ils visent à renverser la suprématie de la bourgeoisie

mirano a rovesciare la supremazia della borghesia

la conquête du pouvoir politique par le prolétariat

la lotta per la conquista del potere politico da parte del proletariato

Les conclusions théoriques des communistes ne sont nullement basées sur des idées ou des principes de réformateurs

Le conclusioni teoriche dei comunisti non sono in alcun modo basate su idee o principi dei riformatori

ce ne sont pas des prétendus réformateurs universels qui ont inventé ou découvert les conclusions théoriques des communistes

non furono gli aspiranti riformatori universali a inventare o scoprire le conclusioni teoriche dei comunisti

Ils ne font qu'exprimer, en termes généraux, des rapports réels qui naissent d'une lutte de classe existante

Esse si limitano ad esprimere, in termini generali, i rapporti reali che scaturiscono da una lotta di classe esistente

Et ils décrivent le mouvement historique qui se déroule sous nos yeux et qui a créé cette lutte des classes

E descrivono il movimento storico che si sta svolgendo sotto i nostri occhi e che ha creato questa lotta di classe

L'abolition des rapports de propriété existants n'est pas du tout un trait distinctif du communisme

L'abolizione dei rapporti di proprietà esistenti non è affatto una caratteristica distintiva del comunismo

Dans le passé, toutes les relations de propriété ont été continuellement sujettes à des changements historiques

Tutti i rapporti di proprietà nel passato sono stati continuamente soggetti a cambiamenti storici

et ces changements ont été consécutifs au changement des conditions historiques

e questi cambiamenti sono stati conseguenti al mutamento delle condizioni storiche

La Révolution française, par exemple, a aboli la propriété féodale au profit de la propriété bourgeoise

La Rivoluzione francese, ad esempio, abolì la proprietà
feudale a favore della proprietà borghese

**Le trait distinctif du communisme n'est pas l'abolition de la
propriété, en général**

La caratteristica distintiva del comunismo non è l'abolizione
della proprietà, in generale

**mais le trait distinctif du communisme, c'est l'abolition de la
propriété bourgeoise**

ma la caratteristica distintiva del comunismo è l'abolizione
della proprietà borghese

**Mais la propriété privée de la bourgeoisie moderne est
l'expression ultime et la plus complète du système de
production et d'appropriation des produits**

Ma la moderna borghesia privata è l'espressione finale e più
completa del sistema di produzione e di appropriazione dei
prodotti

**C'est l'état final d'un système basé sur les antagonismes de
classe, où l'antagonisme de classe est l'exploitation du plus
grand nombre par quelques-uns**

È lo stato finale di un sistema che si basa su antagonismi di
classe, dove l'antagonismo di classe è lo sfruttamento dei molti
da parte di pochi

**En ce sens, la théorie des communistes peut se résumer en
une seule phrase ; l'abolition de la propriété privée**

In questo senso, la teoria dei comunisti può essere riassunta in
una sola frase; l'abolizione della proprietà privata

**On nous a reproché, à nous communistes, de vouloir abolir
le droit d'acquérir personnellement des biens**

A noi comunisti è stato rimproverato il desiderio di abolire il
diritto di acquistare personalmente la proprietà

**On prétend que cette propriété est le fruit du travail de
l'homme**

Si sostiene che questa proprietà sia il frutto del lavoro
dell'uomo

et cette propriété est censée être le fondement de toute liberté, de toute activité et de toute indépendance individuelles.

E questa proprietà è considerata il fondamento di tutta la libertà, l'attività e l'indipendenza personale.

« Propriété durement gagnée, auto-acquise, auto-gagnée ! »

"Proprietà conquistata con fatica, auto-acquisita, auto-guadagnata!"

Voulez-vous dire la propriété du petit artisan et du petit paysan ?

Intendi la proprietà del piccolo artigiano e del piccolo contadino?

Voulez-vous parler d'une forme de propriété qui a précédé la forme bourgeoise ?

Intendi una forma di proprietà che ha preceduto la forma borghese?

Il n'est pas nécessaire de l'abolir, le développement de l'industrie l'a déjà détruit dans une large mesure

Non c'è bisogno di abolirlo, lo sviluppo dell'industria l'ha già in gran parte distrutto

et le développement de l'industrie continue de la détruire chaque jour

e lo sviluppo dell'industria continua a distruggerla ogni giorno

Ou voulez-vous parler de la propriété privée de la bourgeoisie moderne ?

O intendi la proprietà privata della borghesia moderna?

Mais le travail salarié crée-t-il une propriété pour l'ouvrier ?

Ma il lavoro salariato crea una qualche proprietà per l'operaio?

Non, le travail salarié ne crée pas une parcelle de ce genre de propriété !

No, il lavoro salariato non crea un briciolo di questo tipo di proprietà!

Ce que le travail salarié crée, c'est du capital ; ce genre de propriété qui exploite le travail salarié

Ciò che il lavoro salariato crea è il capitale; quel tipo di proprietà che sfrutta il lavoro salariato

Le capital ne peut s'accroître qu'à la condition d'engendrer une nouvelle offre de travail salarié pour une nouvelle exploitation

Il capitale non può aumentare se non a condizione di generare una nuova offerta di lavoro salariato per un nuovo sfruttamento

La propriété, dans sa forme actuelle, est fondée sur l'antagonisme du capital et du salariat

La proprietà, nella sua forma attuale, si basa sull'antagonismo tra capitale e lavoro salariato

Examinons les deux côtés de cet antagonisme

Esaminiamo entrambi i lati di questo antagonismo

Être capitaliste, ce n'est pas seulement avoir un statut purement personnel

Essere capitalista significa avere non solo uno status puramente personale

Au contraire, être capitaliste, c'est aussi avoir un statut social dans la production

Invece, essere un capitalista significa anche avere uno status sociale nella produzione

parce que le capital est un produit collectif ; Ce n'est que par l'action unie de nombreux membres qu'elle peut être mise en branle

perché il capitale è un prodotto collettivo; Solo con l'azione congiunta di molti membri può essere messa in moto

Mais cette action unie n'est qu'un dernier recours, et nécessite en fait tous les membres de la société

Ma questa azione unitaria è l'ultima risorsa, e in realtà richiede tutti i membri della società

Le capital est converti en propriété de tous les membres de la société

Il capitale viene convertito in proprietà di tutti i membri della società

**mais le Capital n'est donc pas une puissance personnelle ;
c'est un pouvoir social**

ma il Capitale non è, quindi, un potere personale; è un potere
sociale

**Ainsi, lorsque le capital est converti en propriété sociale, la
propriété personnelle n'est pas pour autant transformée en
propriété sociale**

Così, quando il capitale viene convertito in proprietà sociale,
la proprietà personale non si trasforma in proprietà sociale

**Ce n'est que le caractère social de la propriété qui est
modifié et qui perd son caractère de classe**

È solo il carattere sociale della proprietà che viene modificato e
perde il suo carattere di classe

Regardons maintenant le travail salarié

Esaminiamo ora il lavoro salariato

**Le prix moyen du salariat est le salaire minimum, c'est-à-dire
le quantum des moyens de subsistance**

Il prezzo medio del lavoro salariato è il salario minimo, cioè
quel quantum dei mezzi di sussistenza

**Ce salaire est absolument nécessaire dans la simple
existence d'un ouvrier**

Questo salario è assolutamente richiesto nella semplice
esistenza di un operaio

**Ce que le salarié s'approprie par son travail ne suffit donc
qu'à prolonger et à reproduire une existence nue**

Ciò di cui dunque l'operaio salariato si appropria con il suo
lavoro, basta solo a prolungare e a riprodurre la nuda
esistenza

**Nous n'avons nullement l'intention d'abolir cette
appropriation personnelle des produits du travail**

Noi non intendiamo affatto abolire questa appropriazione
personale dei prodotti del lavoro

**une appropriation qui est faite pour le maintien et la
reproduction de la vie humaine**

uno stanziamento che viene fatto per il mantenimento e la
riproduzione della vita umana

Une telle appropriation personnelle des produits du travail ne laisse pas de surplus pour commander le travail d'autrui

Tale appropriazione personale dei prodotti del lavoro non lascia alcuna eccedenza con cui comandare il lavoro altrui

Tout ce que nous voulons supprimer, c'est le caractère misérable de cette appropriation

L'unica cosa che vogliamo eliminare è il carattere miserabile di questo stanziamento

l'appropriation dont vit l'ouvrier dans le seul but d'augmenter son capital

l'appropriazione sotto la quale l'operaio vive solo per aumentare il capitale

Il n'est autorisé à vivre que dans la mesure où l'intérêt de la classe dominante l'exige

gli è permesso di vivere solo nella misura in cui l'interesse della classe dominante lo richiede

Dans la société bourgeoise, le travail vivant n'est qu'un moyen d'augmenter le travail accumulé

Nella società borghese, il lavoro vivo non è che un mezzo per aumentare il lavoro accumulato

Dans la société communiste, le travail accumulé n'est qu'un moyen d'élargir, d'enrichir, de promouvoir l'existence de l'ouvrier

Nella società comunista, il lavoro accumulato non è che un mezzo per allargare, per arricchire, per promuovere l'esistenza dell'operaio

C'est pourquoi, dans la société bourgeoise, le passé domine le présent

Nella società borghese, dunque, il passato domina il presente

dans la société communiste, le présent domine le passé

nella società comunista il presente domina il passato

Dans la société bourgeoise, le capital est indépendant et a une individualité

Nella società borghese il capitale è indipendente e ha individualità

Dans la société bourgeoise, la personne vivante est dépendante et n'a pas d'individualité

Nella società borghese l'uomo vivente è dipendente e non ha individualità

Et l'abolition de cet état de choses est appelée par la bourgeoisie l'abolition de l'individualité et de la liberté !

E l'abolizione di questo stato di cose è chiamata dalla borghesia abolizione dell'individualità e della libertà!

Et c'est à juste titre qu'on l'appelle l'abolition de l'individualité et de la liberté !

Ed è giustamente chiamata l'abolizione dell'individualità e della libertà!

Le communisme vise à l'abolition de l'individualité bourgeoise

Il comunismo mira all'abolizione dell'individualità borghese

Le communisme veut l'abolition de l'indépendance de la bourgeoisie

Il comunismo mira all'abolizione dell'indipendenza della borghesia

La liberté de la bourgeoisie est sans aucun doute ce que vise le communisme

La libertà della borghesia è senza dubbio ciò a cui mira il comunismo

dans les conditions actuelles de production de la bourgeoisie, la liberté signifie le libre-échange, la liberté de vendre et d'acheter

nelle attuali condizioni di produzione della borghesia, libertà significa libero scambio, libera vendita e libero acquisto

Mais si la vente et l'achat disparaissent, la vente et l'achat gratuits disparaissent également

Ma se la vendita e l'acquisto scompaiono, scompare anche la vendita e l'acquisto gratuiti

Les « paroles courageuses » de la bourgeoisie sur la vente et l'achat libres n'ont qu'un sens limité

Le "parole coraggiose" della borghesia sulla libera vendita e sull'acquisto hanno un significato solo in senso limitato

Ces mots n'ont de sens que par opposition à la vente et à l'achat restreints
Queste parole hanno significato solo in contrasto con la vendita e l'acquisto limitati
et ces mots n'ont de sens que lorsqu'ils s'appliquent aux marchands enchaînés du moyen âge
e queste parole hanno significato solo se applicate ai commercianti incatenati del Medioevo
et cela suppose que ces mots aient même un sens dans un sens bourgeois
e ciò presuppone che queste parole abbiano anche un significato in senso borghese
mais ces mots n'ont aucun sens lorsqu'ils sont utilisés pour s'opposer à l'abolition communiste de l'achat et de la vente
ma queste parole non hanno alcun significato quando vengono usate per opporsi all'abolizione comunista della compravendita
les mots n'ont pas de sens lorsqu'ils sont utilisés pour s'opposer à l'abolition des conditions de production de la bourgeoisie
le parole non hanno alcun significato quando vengono usate per opporsi all'abolizione delle condizioni di produzione della borghesia
et ils n'ont aucun sens lorsqu'ils sont utilisés pour s'opposer à l'abolition de la bourgeoisie elle-même
e non hanno alcun significato quando vengono usati per opporsi all'abolizione della borghesia stessa
Vous êtes horrifiés par notre intention d'en finir avec la propriété privée
Siete inorriditi dalla nostra intenzione di farla finita con la proprietà privata
Mais dans votre société actuelle, la propriété privée est déjà abolie pour les neuf dixièmes de la population
Ma nella vostra società attuale, la proprietà privata è già abolita per i nove decimi della popolazione

L'existence d'une propriété privée pour quelques-uns est uniquement due à sa non-existence entre les mains des neuf dixièmes de la population

L'esistenza della proprietà privata per pochi è dovuta unicamente alla sua inesistenza nelle mani dei nove decimi della popolazione

Vous nous reprochez donc d'avoir l'intention de supprimer une forme de propriété

Perciò ci rimproverate di voler sopprimere una forma di proprietà

Mais la propriété privée nécessite l'inexistence de toute propriété pour l'immense majorité de la société

Ma la proprietà privata richiede l'inesistenza di qualsiasi proprietà per l'immensa maggioranza della società

En un mot, vous nous reprochez d'avoir l'intention de vous débarrasser de vos biens

In una parola, ci rimproverate di voler eliminare la vostra proprietà

Et c'est précisément le cas ; se débarrasser de votre propriété est exactement ce que nous avons l'intention de faire

Ed è proprio così; eliminare la tua proprietà è proprio quello che intendiamo

À partir du moment où le travail ne peut plus être converti en capital, en argent ou en rente

Dal momento in cui il lavoro non può più essere convertito in capitale, denaro o rendita

quand le travail ne peut plus être converti en un pouvoir social monopolisé

quando il lavoro non potrà più essere convertito in un potere sociale monopolizzabile

à partir du moment où la propriété individuelle ne peut plus être transformée en propriété bourgeoise

dal momento in cui la proprietà individuale non può più essere trasformata in proprietà borghese

à partir du moment où la propriété individuelle ne peut plus être transformée en capital

dal momento in cui la proprietà individuale non può più
essere trasformata in capitale
**À partir de ce moment-là, vous dites que l'individualité
s'évanouit**
Da quel momento, dici che l'individualità svanisce
**Vous devez donc avouer que par « individu » vous
n'entendez personne d'autre que la bourgeoisie**
Dovete dunque confessare che per "individuo" non intendete
altro che la borghesia
**Vous devez avouer qu'il s'agit spécifiquement du
propriétaire de la classe moyenne**
Devi confessare che si riferisce specificamente al proprietario
di proprietà della classe media
**Cette personne doit, en effet, être balayée et rendue
impossible**
Questa persona deve, infatti, essere spazzata via e resa
impossibile
**Le communisme ne prive personne du pouvoir de
s'approprier les produits de la société**
Il comunismo non priva nessun uomo del potere di
appropriarsi dei prodotti della società
**tout ce que fait le communisme, c'est de le priver du pouvoir
de subjuguer le travail d'autrui au moyen d'une telle
appropriation**
tutto ciò che il comunismo fa è privarlo del potere di
soggiogare il lavoro altrui per mezzo di tale appropriazione
**On a objecté qu'avec l'abolition de la propriété privée, tout
travail cesserait**
E' stato obiettato che, con l'abolizione della proprietà privata,
tutto il lavoro cesserà
**et il est alors suggéré que la paresse universelle nous
rattrapera**
e si suggerisce allora che la pigrizia universale ci sopraffarà
**D'après cela, il y a longtemps que la société bourgeoise
aurait dû aller aux chiens par pure oisiveté**

Secondo questo, la società borghese avrebbe dovuto andare
molto tempo fa ai cani per pura pigrizia
**parce que ceux de ses membres qui travaillent, n'acquièrent
rien**
perché quelli dei suoi membri che lavorano, non acquisiscono
nulla
**et ceux de ses membres qui acquièrent quoi que ce soit, ne
travaillent pas**
e quelli dei suoi membri che acquistano qualcosa, non
lavorano
**L'ensemble de cette objection n'est qu'une autre expression
de la tautologie**
Tutta questa obiezione non è che un'altra espressione della
tautologia
**Il ne peut plus y avoir de travail salarié quand il n'y a plus
de capital**
Non ci può più essere lavoro salariato quando non c'è più
capitale
**Il n'y a pas de différence entre les produits matériels et les
produits mentaux**
Non c'è differenza tra prodotti materiali e prodotti mentali
**Le communisme propose que les deux soient produits de la
même manière**
Il comunismo propone che entrambi siano prodotti allo stesso
modo
**mais les objections contre les modes communistes de
production sont les mêmes**
ma le obiezioni contro i modi comunisti di produrli sono le
stesse
**pour la bourgeoisie, la disparition de la propriété de classe
est la disparition de la production elle-même**
per la borghesia la scomparsa della proprietà di classe è la
scomparsa della produzione stessa
**Ainsi, la disparition de la culture de classe est pour lui
identique à la disparition de toute culture**

Così la scomparsa della cultura di classe è per lui identica alla scomparsa di ogni cultura

Cette culture, dont il déplore la perte, n'est pour l'immense majorité qu'un simple entraînement à agir comme une machine

Quella cultura, di cui lamenta la perdita, è per la stragrande maggioranza un mero addestramento ad agire come una macchina

Les communistes ont bien l'intention d'abolir la culture de la propriété bourgeoise

I comunisti hanno l'intenzione di abolire la cultura della proprietà borghese

Mais ne vous querellez pas avec nous tant que vous appliquez les normes de vos notions bourgeoises de liberté, de culture, de droit, etc

Ma non litigate con noi fintanto che applicate lo standard delle vostre nozioni borghesi di libertà, cultura, legge, ecc

Vos idées mêmes ne sont que le résultat des conditions de votre production bourgeoise et de la propriété bourgeoise

Le vostre stesse idee non sono che il risultato delle condizioni della vostra produzione borghese e della vostra proprietà borghese

de même que votre jurisprudence n'est que la volonté de votre classe érigée en loi pour tous

così come la tua giurisprudenza non è che la volontà della tua classe trasformata in legge per tutti

Le caractère essentiel et l'orientation de cette volonté sont déterminés par les conditions économiques créées par votre classe sociale

Il carattere essenziale e la direzione di questa volontà sono determinati dalle condizioni economiche create dalla vostra classe sociale

L'idée fausse égoïste qui vous pousse à transformer les formes sociales en lois éternelles de la nature et de la raison

L'equivoco egoistico che vi induce a trasformare le forme sociali in leggi eterne della natura e della ragione

les formes sociales qui découlent de votre mode de production et de votre forme de propriété actuels

le forme sociali che scaturiscono dal vostro attuale modo di produzione e dalla forma della proprietà

des rapports historiques qui naissent et disparaissent dans le progrès de la production

rapporti storici che sorgono e scompaiono nel corso della produzione

cette idée fausse que vous partagez avec toutes les classes dirigeantes qui vous ont précédés

Questo equivoco lo condividete con ogni classe dirigente che vi ha preceduto

Ce que vous voyez clairement dans le cas de la propriété ancienne, ce que vous admettez dans le cas de la propriété féodale

Ciò che si vede chiaramente nel caso della proprietà antica, ciò che si ammette nel caso della proprietà feudale

ces choses, il vous est bien entendu interdit de les admettre dans le cas de votre propre forme de propriété bourgeoise

queste cose vi è naturalmente proibito di ammetterle nel caso della vostra forma di proprietà borghese

Abolition de la famille ! Même les plus radicaux s'enflamment devant cette infâme proposition des communistes

Abolizione della famiglia! Anche i più radicali si infiammano di fronte a questa infame proposta dei comunisti

Sur quelle base se fonde la famille actuelle, la famille bourgeoise ?

Su quali basi si fonda la famiglia attuale, la famiglia borghese?

La fondation de la famille actuelle est basée sur le capital et le gain privé

La fondazione dell'attuale famiglia si basa sul capitale e sul guadagno privato

Sous sa forme complètement développée, cette famille n'existe que dans la bourgeoisie

Nella sua forma completamente sviluppata, questa famiglia
esiste solo tra la borghesia

**Cet état de choses trouve son complément dans l'absence
pratique de la famille chez les prolétaires**

Questo stato di cose trova il suo complemento nell'assenza
pratica della famiglia tra i proletari

Cet état de choses se retrouve dans la prostitution publique

Questo stato di cose si ritrova nella prostituzione pubblica

**La famille bourgeoise disparaîtra d'office quand son effectif
disparaîtra**

La famiglia della borghesia scomparirà come una cosa
naturale quando svanirà il suo complemento

et l'une et l'autre s'évanouiront avec la disparition du capital

ed entrambe queste volontà svaniranno con la scomparsa del
capitale

**Nous accusez-vous de vouloir mettre fin à l'exploitation des
enfants par leurs parents ?**

Ci accusate di voler fermare lo sfruttamento dei bambini da
parte dei loro genitori?

Nous plaidons coupables de ce crime

Di questo crimine ci dichiariamo colpevoli

**Mais, direz-vous, on détruit les relations les plus sacrées,
quand on remplace l'éducation à domicile par l'éducation
sociale**

Ma, direte voi, noi distruggiamo la più sacra delle relazioni,
quando sostituiamo l'educazione domestica con l'educazione
sociale

**Votre éducation n'est-elle pas aussi sociale ? Et n'est-elle pas
déterminée par les conditions sociales dans lesquelles vous
éduquez ?**

La tua educazione non è anche sociale? E non è forse
determinato dalle condizioni sociali in cui si educa?

**par l'intervention, directe ou indirecte, de la société, par le
biais de l'école, etc.**

dall'intervento, diretto o indiretto, della società, per mezzo
delle scuole, ecc.

Les communistes n'ont pas inventé l'intervention de la société dans l'éducation

I comunisti non hanno inventato l'intervento della società nell'educazione

ils ne cherchent qu'à modifier le caractère de cette intervention

non fanno altro che cercare di modificare il carattere di tale intervento

et ils cherchent à sauver l'éducation de l'influence de la classe dirigeante

E cercano di salvare l'istruzione dall'influenza della classe dominante

La bourgeoisie parle de la relation sacrée du parent et de l'enfant

La borghesia parla della sacra correlazione tra genitore e figlio

mais ce baratin sur la famille et l'éducation devient d'autant plus répugnant quand on regarde l'industrie moderne

ma questa trappola sulla famiglia e l'educazione diventa ancora più disgustosa quando guardiamo all'industria moderna

Tous les liens familiaux entre les prolétaires sont déchirés par l'industrie moderne

Tutti i legami familiari tra i proletari sono lacerati dall'industria moderna

Leurs enfants sont transformés en simples objets de commerce et en instruments de travail

i loro figli si trasformano in semplici oggetti di commercio e strumenti di lavoro

Mais vous, communistes, vous créeriez une communauté de femmes, crie en chœur toute la bourgeoisie

Ma voi comunisti volete creare una comunità di donne, grida in coro tutta la borghesia

La bourgeoisie ne voit en sa femme qu'un instrument de production

La borghesia vede nella moglie un mero strumento di produzione

Il entend dire que les instruments de production doivent être exploités par tous

Sente dire che gli strumenti di produzione devono essere sfruttati da tutti

et, naturellement, il ne peut arriver à aucune autre conclusion que celle d'être commun à tous retombera également sur les femmes

e, naturalmente, non può giungere ad altra conclusione se non che la sorte di essere comune a tutti toccherà anche alle donne

Il ne soupçonne même pas qu'il s'agit en fait d'en finir avec le statut de la femme en tant que simple instrument de production

Non ha nemmeno il sospetto che il vero scopo sia quello di eliminare lo status delle donne come meri strumenti di produzione

Du reste, rien n'est plus ridicule que l'indignation vertueuse de notre bourgeoisie contre la communauté des femmes

Del resto, nulla è più ridicolo dell'indignazione virtuosa della nostra borghesia di fronte alla comunità delle donne

ils prétendent qu'elle doit être établie ouvertement et officiellement par les communistes

pretendono che sia apertamente e ufficialmente stabilito dai comunisti

Les communistes n'ont pas besoin d'introduire la communauté des femmes, elle existe depuis des temps immémoriaux

I comunisti non hanno bisogno di introdurre la comunità delle donne, esiste quasi da tempo immemorabile

Notre bourgeoisie ne se contente pas d'avoir à sa disposition les femmes et les filles de ses prolétaires

La nostra borghesia non si accontenta di avere a disposizione le mogli e le figlie dei suoi proletari

Ils prennent le plus grand plaisir à séduire les femmes de l'autre

provano il più grande piacere nel sedurre le mogli l'uno dell'altro

Et cela ne parle même pas des prostituées ordinaires
E questo per non parlare delle prostitute comuni
Le mariage bourgeois est en réalité un système d'épouses en commun
Il matrimonio borghese è in realtà un sistema di mogli in comune
puis il y a une chose qu'on pourrait peut-être reprocher aux communistes
allora c'è una cosa che potrebbe essere rimproverata ai comunisti
Ils souhaitent introduire une communauté de femmes ouvertement légalisée
Desiderano introdurre una comunità di donne apertamente legalizzata
plutôt qu'une communauté de femmes hypocritement dissimulée
piuttosto che una comunità di donne ipocritamente nascosta
la communauté des femmes issues du système de production
la comunità delle donne che scaturisce dal sistema di produzione
Abolissez le système de production, et vous abolissez la communauté des femmes
Abolite il sistema di produzione e abolirete la comunità delle donne
La prostitution publique est abolie et la prostitution privée
sia la prostituzione pubblica è abolita, sia la prostituzione privata
On reproche en outre aux communistes de vouloir abolir les pays et les nationalités
Ai comunisti si rimprovera inoltre di voler abolire i paesi e le nazionalità
Les travailleurs n'ont pas de patrie, nous ne pouvons donc pas leur prendre ce qu'ils n'ont pas
I lavoratori non hanno patria, quindi non possiamo togliere loro ciò che non hanno
Le prolétariat doit d'abord acquérir la suprématie politique

Il proletariato deve prima di tutto acquisire la supremazia politica

Le prolétariat doit s'élever pour être la classe dirigeante de la nation

Il proletariato deve elevarsi ad essere la classe dirigente della nazione

Le prolétariat doit se constituer en nation

Il proletariato deve costituirsi in nazione

elle est, jusqu'à présent, elle-même nationale, mais pas dans le sens bourgeois du mot

essa stessa è, finora, nazionale, anche se non nel senso borghese del termine

Les différences nationales et les antagonismes entre les peuples s'estompent chaque jour davantage

Le differenze nazionali e gli antagonismi tra i popoli stanno svanendo ogni giorno di più

grâce au développement de la bourgeoisie, à la liberté du commerce, au marché mondial

grazie allo sviluppo della borghesia, alla libertà di commercio, al mercato mondiale

à l'uniformité du mode de production et des conditions de vie qui y correspondent

all'uniformità del modo di produzione e delle condizioni di vita ad esso corrispondenti

La suprématie du prolétariat les fera disparaître encore plus vite

La supremazia del proletariato li farà svanire ancora più rapidamente

L'action unie, du moins dans les principaux pays civilisés, est une des premières conditions de l'émancipation du prolétariat

L'azione unitaria, almeno dei principali paesi civili, è una delle prime condizioni per l'emancipazione del proletariato

Dans la mesure où l'exploitation d'un individu par un autre prendra fin, l'exploitation d'une nation par une autre prendra également fin à

Nella misura in cui si pone fine allo sfruttamento di un individuo da parte di un altro, si porrà fine anche allo sfruttamento di una nazione da parte di un'altra

À mesure que l'antagonisme entre les classes à l'intérieur de la nation disparaîtra, l'hostilité d'une nation envers une autre prendra fin

Nella misura in cui l'antagonismo tra le classi all'interno della nazione svanisce, l'ostilità di una nazione verso l'altra finirà

Les accusations portées contre le communisme d'un point de vue religieux, philosophique et, en général, idéologique, ne méritent pas d'être examinées sérieusement

Le accuse contro il comunismo mosse da un punto di vista religioso, filosofico e, in generale, ideologico, non meritano un serio esame

Faut-il une intuition profonde pour comprendre que les idées, les vues et les conceptions de l'homme changent à chaque changement dans les conditions de son existence matérielle ?

Ci vuole una profonda intuizione per comprendere che le idee, i punti di vista e le concezioni dell'uomo cambiano ad ogni cambiamento delle condizioni della sua esistenza materiale?

N'est-il pas évident que la conscience de l'homme change lorsque ses relations sociales et sa vie sociale changent ?

Non è forse evidente che la coscienza dell'uomo cambia quando cambiano le sue relazioni sociali e la sua vita sociale?

Qu'est-ce que l'histoire des idées prouve d'autre, sinon que la production intellectuelle change de caractère à mesure que la production matérielle se modifie ?

Che cos'altro prova la storia delle idee, se non che la produzione intellettuale cambia il suo carattere nella misura in cui cambia la produzione materiale?

Les idées dominantes de chaque époque ont toujours été les idées de sa classe dirigeante

Le idee dominanti di ogni epoca sono sempre state le idee della sua classe dominante

Quand on parle d'idées qui révolutionnent la société, on n'exprime qu'un seul fait

Quando si parla di idee che rivoluzionano la società, non si fa altro che esprimere un fatto

Au sein de l'ancienne société, les éléments d'une nouvelle société ont été créés

All'interno della vecchia società, sono stati creati gli elementi di una nuova società

et que la dissolution des vieilles idées va de pair avec la dissolution des anciennes conditions d'existence

e che la dissoluzione delle vecchie idee va di pari passo con la dissoluzione delle vecchie condizioni di esistenza

Lorsque le monde antique était dans ses dernières affresses, les anciennes religions ont été vaincues par le christianisme

Quando il mondo antico era agli ultimi spasimi, le antiche religioni furono sopraffatte dal cristianesimo

Lorsque les idées chrétiennes ont succombé au XVIIIe siècle aux idées rationalistes, la société féodale a mené une bataille à mort contre la bourgeoisie alors révolutionnaire

Quando le idee cristiane soccombevano nel XVIII secolo alle idee razionaliste, la società feudale combatté la sua battaglia mortale con la borghesia rivoluzionaria di allora

Les idées de liberté religieuse et de liberté de conscience n'ont fait qu'exprimer l'emprise de la libre concurrence dans le domaine de la connaissance

Le idee di libertà religiosa e di libertà di coscienza non facevano altro che esprimere l'influenza della libera concorrenza nel campo della conoscenza

« Sans doute, dira-t-on, les idées religieuses, morales, philosophiques et juridiques ont été modifiées au cours du développement historique »

"Indubbiamente", si dirà, "le idee religiose, morali, filosofiche e giuridiche sono state modificate nel corso dello sviluppo storico"

Mais la religion, la morale, la philosophie, la science politique et le droit ont constamment survécu à ce changement.

"Ma la religione, la morale, la filosofia, la scienza politica e il diritto, sono costantemente sopravvissute a questo cambiamento"

« Il y a aussi des vérités éternelles, telles que la Liberté, la Justice, etc. »

"Ci sono anche verità eterne, come la Libertà, la Giustizia, ecc"

« Ces vérités éternelles sont communes à tous les états de la société »

"Queste verità eterne sono comuni a tutti gli stati della società"

« Mais le communisme abolit les vérités éternelles, il abolit toute religion et toute morale »

"Ma il comunismo abolisce le verità eterne, abolisce ogni religione e ogni morale"

« il fait cela au lieu de les constituer sur une nouvelle base »

"Lo fa invece di costituirli su una nuova base"

« Elle agit donc en contradiction avec toute l'expérience historique passée »

"agisce quindi in contraddizione con tutta l'esperienza storica passata"

À quoi se réduit cette accusation ?

A che cosa si riduce questa accusa?

L'histoire de toute la société passée a consisté dans le développement d'antagonismes de classe

La storia di tutta la società passata è consistita nello sviluppo di antagonismi di classe

antagonismes qui ont pris des formes différentes selon les époques

antagonismi che hanno assunto forme diverse in epoche diverse

Mais quelle que soit la forme qu'ils aient prise, un fait est commun à tous les âges passés

Ma qualunque forma possano aver preso, un fatto è comune a tutte le epoche passate

l'exploitation d'une partie de la société par l'autre

lo sfruttamento di una parte della società da parte dell'altra

Il n'est donc pas étonnant que la conscience sociale des âges passés se meuve à l'intérieur de certaines formes communes ou d'idées générales

Non c'è da meravigliarsi, quindi, che la coscienza sociale delle epoche passate si muova all'interno di certe forme comuni, o idee generali

(et ce, malgré toute la multiplicité et la variété qu'il affiche)

(e questo nonostante tutta la molteplicità e la varietà che mostra)

et ceux-ci ne peuvent disparaître complètement qu'avec la disparition totale des antagonismes de classe

e questi non possono svanire del tutto se non con la totale scomparsa degli antagonismi di classe

La révolution communiste est la rupture la plus radicale avec les rapports de propriété traditionnels

La rivoluzione comunista è la rottura più radicale con i rapporti di proprietà tradizionali

Il n'est donc pas étonnant que son développement implique la rupture la plus radicale avec les idées traditionnelles

Non c'è da stupirsi che il suo sviluppo comporti la rottura più radicale con le idee tradizionali

Mais finissons-en avec les objections de la bourgeoisie contre le communisme

Ma facciamola finita con le obiezioni della borghesia al comunismo

Nous avons vu plus haut le premier pas de la révolution de la classe ouvrière

Abbiamo visto sopra il primo passo della rivoluzione della classe operaia

Le prolétariat doit être élevé à la position de dirigeant, pour gagner la bataille de la démocratie

Il proletariato deve essere elevato alla posizione di governo, per vincere la battaglia della democrazia

Le prolétariat usera de sa suprématie politique pour arracher peu à peu tout le capital à la bourgeoisie

Il proletariato userà la sua supremazia politica per strappare, a poco a poco, tutto il capitale alla borghesia

elle centralisera tous les instruments de production entre les mains de l'État

accentrerà tutti gli strumenti di produzione nelle mani dello Stato

En d'autres termes, le prolétariat s'est organisé en classe dominante

In altre parole, il proletariato organizzato come classe dominante

et elle augmentera le plus rapidement possible le total des forces productives

e aumenterà il totale delle forze produttive il più rapidamente possibile

Bien sûr, au début, cela ne peut se faire qu'au moyen d'incursions despotiques dans les droits de propriété

Naturalmente, all'inizio, ciò non può essere realizzato se non per mezzo di incursioni dispotiche nei diritti di proprietà

et elle doit être réalisée dans les conditions de la production bourgeoise

e deve essere realizzato alle condizioni della produzione borghese

Elle est donc réalisée au moyen de mesures qui semblent économiquement insuffisantes et intenables

Si ottiene quindi attraverso misure che appaiono economicamente insufficienti e insostenibili

mais ces moyens, dans le cours du mouvement, se dépassent d'eux-mêmes

ma questi mezzi, nel corso del movimento, superano se stessi

elles nécessitent de nouvelles incursions dans l'ancien ordre social

Esse richiedono ulteriori incursioni nel vecchio ordine sociale

et ils sont inévitables comme moyen de révolutionner entièrement le mode de production

e sono inevitabili come mezzo per rivoluzionare
completamente il modo di produzione
Ces mesures seront bien sûr différentes selon les pays
Queste misure saranno ovviamente diverse nei vari paesi
**Néanmoins, dans les pays les plus avancés, ce qui suit sera
assez généralement applicable**
Ciononostante, nei paesi più avanzati, quanto segue sarà
abbastanza generalmente applicabile
**1. L'abolition de la propriété foncière et l'affectation de
toutes les rentes foncières à des fins publiques.**
1. Abolizione della proprietà fondiaria e applicazione di tutte
le rendite fondiarie a scopi pubblici.
2. Un impôt sur le revenu progressif ou progressif lourd.
2. Una pesante imposta sul reddito progressiva o graduale.
3. Abolition de tout droit d'héritage.
3. Abolizione di ogni diritto di successione.
4. Confiscation des biens de tous les émigrés et rebelles.
4. Confisca dei beni di tutti gli emigranti e ribelli.
**5. Centralisation du crédit entre les mains de l'État, au
moyen d'une banque nationale à capital d'État et monopole
exclusif.**
5. Centralizzazione del credito nelle mani dello Stato, per
mezzo di una banca nazionale con capitale statale e monopolio
esclusivo.
**6. Centralisation des moyens de communication et de
transport entre les mains de l'État.**
6. Centralizzazione dei mezzi di comunicazione e di trasporto
nelle mani dello Stato.
**7. Extension des usines et des instruments de production
appartenant à l'État**
7. Ampliamento delle fabbriche e degli strumenti di
produzione di proprietà dello Stato
**la mise en culture des terres incultes, et l'amélioration du sol
en général d'après un plan commun.**

l'introduzione alla coltivazione di terreni incolti e il
miglioramento del suolo in generale secondo un piano
comune.

8. Responsabilité égale de tous vis-à-vis du travail
8. Uguale responsabilità di tutti nei confronti del lavoro
**Mise en place d'armées industrielles, notamment pour
l'agriculture.**
Costituzione di eserciti industriali, soprattutto per
l'agricoltura.

**9. Combinaison de l'agriculture et des industries
manufacturières**
9. Combinazione dell'agricoltura con le industrie
manifatturiere
**l'abolition progressive de la distinction entre la ville et la
campagne, par une répartition plus égale de la population
sur le territoire.**
Graduale abolizione della distinzione tra città e campagna,
mediante una distribuzione più equa della popolazione sul
territorio.

**10. Gratuité de l'éducation pour tous les enfants dans les
écoles publiques.**
10. Istruzione gratuita per tutti i bambini nelle scuole
pubbliche.
**Abolition du travail des enfants dans les usines sous sa
forme actuelle**
Abolizione del lavoro minorile nelle fabbriche nella sua forma
attuale
Combinaison de l'éducation et de la production industrielle
Combinazione di istruzione e produzione industriale
**Quand, au cours du développement, les distinctions de
classe ont disparu**
Quando, nel corso dello sviluppo, le distinzioni di classe sono
scomparse
**et quand toute la production aura été concentrée entre les
mains d'une vaste association de toute la nation**

e quando tutta la produzione è stata concentrata nelle mani di una vasta associazione di tutta la nazione

alors la puissance publique perdra son caractère politique

allora il potere pubblico perderà il suo carattere politico

Le pouvoir politique, proprement dit, n'est que le pouvoir organisé d'une classe pour en opprimer une autre

Il potere politico propriamente detto non è altro che il potere organizzato di una classe per opprimerne un'altra

Si le prolétariat, dans sa lutte contre la bourgeoisie, est contraint, par la force des choses, de s'organiser en classe

Se il proletariato, nella sua lotta con la borghesia, è costretto, per forza di cose, ad organizzarsi come classe

si, par une révolution, elle se fait la classe dominante

se, per mezzo di una rivoluzione, si fa classe dominante

et, en tant que telle, elle balaie par la force les anciennes conditions de production

e, come tale, spazza via con la forza le vecchie condizioni di produzione

alors, avec ces conditions, elle aura balayé les conditions d'existence des antagonismes de classes et des classes en général

Allora, insieme a queste condizioni, essa avrà spazzato via le condizioni dell'esistenza degli antagonismi di classe e delle classi in generale

et aura ainsi aboli sa propre suprématie en tant que classe.

e avrà così abolito la propria supremazia come classe.

A la place de l'ancienne société bourgeoise, avec ses classes et ses antagonismes de classes, nous aurons une association

Al posto della vecchia società borghese, con le sue classi e i suoi antagonismi di classe, avremo un'associazione

une association dans laquelle le libre développement de chacun est la condition du libre développement de tous

un'associazione in cui il libero sviluppo di ciascuno è la condizione per il libero sviluppo di tutti

1) Le socialisme réactionnaire
1) Socialismo reazionario

a) Le socialisme féodal
a) Il socialismo feudale

les aristocraties de France et d'Angleterre avaient une position historique unique
le aristocrazie di Francia e Inghilterra avevano una posizione storica unica
c'est devenu leur vocation d'écrire des pamphlets contre la société bourgeoise moderne
divenne la loro vocazione scrivere opuscoli contro la moderna società borghese
Dans la révolution française de juillet 1830 et dans l'agitation réformiste anglaise
Nella rivoluzione francese del luglio 1830 e nell'agitazione riformatrice inglese
Ces aristocraties succombèrent de nouveau à l'odieux parvenu
Queste aristocrazie soccombevano di nuovo all'odioso nuovo arrivato
Dès lors, il n'était plus question d'une lutte politique sérieuse
Da quel momento in poi, una seria contesa politica era del tutto fuori questione
Tout ce qui restait possible, c'était une bataille littéraire, pas une véritable bataille
Tutto ciò che rimaneva possibile era una battaglia letteraria, non una battaglia vera e propria
Mais même dans le domaine de la littérature, les vieux cris de la période de la restauration étaient devenus impossibles
Ma anche nel campo della letteratura le vecchie grida del periodo della restaurazione erano diventate impossibili
Pour s'attirer la sympathie, l'aristocratie était obligée de perdre de vue, semble-t-il, ses propres intérêts

Per suscitare simpatia, l'aristocrazia era costretta a perdere di vista, a quanto pare, i propri interessi

et ils ont été obligés de formuler leur réquisitoire contre la bourgeoisie dans l'intérêt de la classe ouvrière exploitée

ed erano obbligati a formulare la loro accusa contro la borghesia nell'interesse della classe operaia sfruttata

C'est ainsi que l'aristocratie prit sa revanche en chantant des pamphlets sur son nouveau maître

Così l'aristocrazia si prese la sua rivincita cantando beffe al loro nuovo padrone

et ils prirent leur revanche en lui murmurant à l'oreille de sinistres prophéties de catastrophe à venir

e si vendicarono sussurrandogli all'orecchio sinistre profezie di catastrofe imminente

C'est ainsi qu'est né le socialisme féodal : moitié lamentation, moitié moquerie

Nacque così il socialismo feudale: metà lamento, metà beffa

Il sonnait comme un demi-écho du passé, et projetait une demi-menace de l'avenir

Risuonava per metà come un'eco del passato e per metà una minaccia per metà del futuro

parfois, par sa critique acerbe, spirituelle et incisive, il frappait la bourgeoisie au plus profond de lui-même

a volte, con la sua critica amara, arguta e incisiva, colpiva la borghesia nel profondo del cuore

mais elle a toujours été ridicule dans son effet, par l'incapacité totale de comprendre la marche de l'histoire moderne

Ma è sempre stato ridicolo nel suo effetto, a causa della totale incapacità di comprendere il corso della storia moderna

L'aristocratie, pour rallier le peuple à elle, agitait le sac d'aumône prolétarien en guise de bannière

L'aristocrazia, per radunare il popolo, sventolava davanti la borsa dell'elemosina del proletariato per uno stendardo

Mais le peuple, toutes les fois qu'il se joignait à lui, voyait sur son arrière-train les anciennes armoiries féodales

Ma il popolo, tutte le volte che si univa a loro, vedeva sui loro quarti posteriori i vecchi stemmi feudali

et ils désertèrent avec des rires bruyants et irrévérencieux

e disertarono con risate fragorose e irriverenti

Une partie des légitimistes français et de la « Jeune Angleterre » offrit ce spectacle

Una parte dei legittimisti francesi e della "Giovane Inghilterra" ha esposto questo spettacolo

les féodaux ont fait remarquer que leur mode d'exploitation était différent de celui de la bourgeoisie

i feudatari facevano notare che il loro modo di sfruttamento era diverso da quello della borghesia

Les féodaux oublient qu'ils ont exploité dans des circonstances et des conditions tout à fait différentes

I feudatari dimenticano di aver sfruttato in circostanze e condizioni del tutto diverse

Et ils n'ont pas remarqué que de telles méthodes d'exploitation sont maintenant désuètes

E non si sono accorti che tali metodi di sfruttamento sono ormai antiquati

Ils ont montré que, sous leur domination, le prolétariat moderne n'a jamais existé

Hanno dimostrato che, sotto il loro dominio, il proletariato moderno non è mai esistito

mais ils oublient que la bourgeoisie moderne est le produit nécessaire de leur propre forme de société

ma dimenticano che la borghesia moderna è la progenie necessaria della loro forma di società

Pour le reste, ils dissimulent à peine le caractère réactionnaire de leur critique

Per il resto, non nascondono affatto il carattere reazionario della loro critica

Leur principale accusation contre la bourgeoisie se résume à ceci

la loro principale accusa contro la borghesia è la seguente

sous le régime bourgeois, une classe sociale se développe

sotto il regime borghese si sta sviluppando una classe sociale

Cette classe sociale est destinée à découper de fond en comble l'ancien ordre de la société

Questa classe sociale è destinata a sradicare e ramificare il vecchio ordine della società

Ce qu'ils reprochent à la bourgeoisie, ce n'est pas tant qu'elle crée un prolétariat

Ciò di cui rimproverano la borghesia non è tanto che essa crei un proletariato

ce qu'ils reprochent à la bourgeoisie, c'est plutôt de créer un prolétariat révolutionnaire

ciò di cui rimproverano la borghesia è più che altro che essa crea un proletariato rivoluzionario

Dans la pratique politique, ils se joignent donc à toutes les mesures coercitives contre la classe ouvrière

Nella pratica politica, quindi, essi si uniscono a tutte le misure coercitive contro la classe operaia

Et dans la vie ordinaire, malgré leurs phrases hautaines, ils s'abaissent à ramasser les pommes d'or tombées de l'arbre de l'industrie

E nella vita ordinaria, nonostante le loro frasi altisonanti, si chinano a raccogliere le mele d'oro cadute dall'albero dell'industria

et ils troquent la vérité, l'amour et l'honneur contre le commerce de la laine, du sucre de betterave et de l'eau-de-vie de pommes de terre

e barattano la verità, l'amore e l'onore con il commercio della lana, dello zucchero di barbabietola e dell'acquavite di patate

De même que le pasteur a toujours marché main dans la main avec le propriétaire foncier, il en a été de même du socialisme clérical et du socialisme féodal

Come il parroco è sempre andato a braccetto con il proprietario terriero, così il socialismo clericale è andato a braccetto con il socialismo feudale

Rien n'est plus facile que de donner à l'ascétisme chrétien une teinte socialiste

Non c'è niente di più facile che dare all'ascetismo cristiano una sfumatura socialista

Le christianisme n'a-t-il pas déclamé contre la propriété privée, contre le mariage, contre l'État ?

Il cristianesimo non ha forse declamato contro la proprietà privata, contro il matrimonio, contro lo Stato?

Le christianisme n'a-t-il pas prêché à la place de la charité et de la pauvreté ?

Il cristianesimo non ha forse predicato al posto di queste, la carità e la povertà?

Le christianisme ne prêche-t-il pas le célibat et la mortification de la chair, de la vie monastique et de l'Église mère ?

Il cristianesimo non predica forse il celibato e la mortificazione della carne, la vita monastica e la Madre Chiesa?

Le socialisme chrétien n'est que l'eau bénite avec laquelle le prêtre consacre les brûlures du cœur de l'aristocrate

Il socialismo cristiano non è che l'acqua santa con cui il sacerdote consacra i bruciori di cuore dell'aristocratico

b) Le socialisme petit-bourgeois
b) Il socialismo piccolo-borghese

L'aristocratie féodale n'est pas la seule classe ruinée par la bourgeoisie
L'aristocrazia feudale non fu l'unica classe che fu rovinata dalla borghesia

ce n'était pas la seule classe dont les conditions d'existence languissaient et périssaient dans l'atmosphère de la société bourgeoise moderne
non era l'unica classe le cui condizioni di esistenza si struggevano e perivano nell'atmosfera della moderna società borghese

Les bourgeois médiévaux et les petits propriétaires paysans ont été les précurseurs de la bourgeoisie moderne
I borghesi medievali e i piccoli proprietari contadini furono i precursori della borghesia moderna

Dans les pays peu développés, tant au point de vue industriel que commercial, ces deux classes végètent encore côte à côte
Nei paesi poco sviluppati, industrialmente e commercialmente, queste due classi vegetano ancora l'una accanto all'altra

et pendant ce temps, la bourgeoisie se lève à côté d'eux : industriellement, commercialement et politiquement
e nel frattempo la borghesia si solleva accanto a loro: industrialmente, commercialmente e politicamente

Dans les pays où la civilisation moderne s'est pleinement développée, une nouvelle classe de petite bourgeoisie s'est formée
Nei paesi in cui la civiltà moderna si è pienamente sviluppata, si è formata una nuova classe di piccola borghesia

cette nouvelle classe sociale oscille entre le prolétariat et la bourgeoisie
questa nuova classe sociale oscilla tra proletariato e borghesia

**et elle se renouvelle sans cesse en tant que partie
supplémentaire de la société bourgeoise**

e si rinnova sempre come parte supplementare della società
borghese

**Cependant, les membres individuels de cette classe sont
constamment précipités dans le prolétariat**

I singoli membri di questa classe, tuttavia, vengono
costantemente scagliati verso il proletariato

**ils sont aspirés par le prolétariat par l'action de la
concurrence**

Esse sono risucchiate dal proletariato attraverso l'azione della
concorrenza

**Au fur et à mesure que l'industrie moderne se développe, ils
voient même approcher le moment où ils disparaîtront
complètement en tant que section indépendante de la société
moderne**

Man mano che l'industria moderna si sviluppa, essi vedono
avvicinarsi anche il momento in cui scompariranno
completamente come sezione indipendente della società
moderna

**ils seront remplacés, dans les manufactures, l'agriculture et
le commerce, par des surveillants, des huissiers et des
boutiquiers**

Saranno sostituiti, nelle manifatture, nell'agricoltura e nel
commercio, da sorveglianti, balivi e bottegai

**Dans des pays comme la France, où les paysans représentent
bien plus de la moitié de la population**

In paesi come la Francia, dove i contadini costituiscono molto
più della metà della popolazione

**il était naturel qu'il y ait des écrivains qui se rangent du côté
du prolétariat contre la bourgeoisie**

era naturale che ci fossero scrittori che si schieravano con il
proletariato contro la borghesia

**dans leur critique du régime bourgeois, ils utilisaient
l'étendard de la bourgeoisie paysanne et de la petite
bourgeoisie**

nella loro critica del regime borghese usavano lo stendardo
della piccola borghesia contadina
**et, du point de vue de ces classes intermédiaires, ils
prennent le relais de la classe ouvrière**
E dal punto di vista di queste classi intermedie prendono il
bastone per la classe operaia
**C'est ainsi qu'est né le socialisme petit-bourgeois, dont
Sismondi était le chef de cette école, non seulement en
France, mais aussi en Angleterre**
Sorse così il socialismo piccolo-borghese, di cui Sismondi era il
capo di questa scuola, non solo in Francia ma anche in
Inghilterra
**Cette école du socialisme a disséqué avec une grande acuité
les contradictions des conditions de la production moderne**
Questa scuola del socialismo ha sezionato con grande acutezza
le contraddizioni delle condizioni della produzione moderna
Cette école a mis à nu les excuses hypocrites des économistes
Questa scuola ha messo a nudo le ipocrite scuse degli
economisti
**Cette école prouva sans conteste les effets désastreux du
machinisme et de la division du travail**
Questa scuola dimostrò, in modo incontrovertibile, gli effetti
disastrosi delle macchine e della divisione del lavoro
**elle prouvait la concentration du capital et de la terre entre
quelques mains**
Ha dimostrato la concentrazione del capitale e della terra in
poche mani
**elle a prouvé comment la surproduction conduit à des crises
bourgeoises**
ha dimostrato come la sovrapproduzione porti alle crisi della
borghesia
**il soulignait la ruine inévitable de la petite bourgeoisie et
des paysans**
indicava l'inevitabile rovina della piccola borghesia e del
contadino

la misère du prolétariat, l'anarchie de la production, les inégalités criantes dans la répartition des richesses

la miseria del proletariato, l'anarchia nella produzione, le disuguaglianze nella distribuzione della ricchezza

Il a montré comment le système de production mène la guerre industrielle d'extermination entre les nations

Ha mostrato come il sistema di produzione conduca la guerra industriale di sterminio tra le nazioni

la dissolution des vieux liens moraux, des vieilles relations familiales, des vieilles nationalités

la dissoluzione dei vecchi legami morali, dei vecchi rapporti familiari, delle vecchie nazionalità

Dans ses objectifs positifs, cependant, cette forme de socialisme aspire à réaliser l'une des deux choses suivantes

Nei suoi obiettivi positivi, tuttavia, questa forma di socialismo aspira a raggiungere una delle due cose

soit elle vise à restaurer les anciens moyens de production et d'échange

o mira a ripristinare i vecchi mezzi di produzione e di scambio

et avec les anciens moyens de production, elle rétablirait les anciens rapports de propriété et l'ancienne société

e con i vecchi mezzi di produzione avrebbe restaurato i vecchi rapporti di proprietà e la vecchia società

ou bien elle vise à enfermer les moyens modernes de production et d'échange dans l'ancien cadre des rapports de propriété

o mira a restringere i moderni mezzi di produzione e di scambio nel vecchio quadro dei rapporti di proprietà

Dans un cas comme dans l'autre, elle est à la fois réactionnaire et utopique

In entrambi i casi, è sia reazionario che utopico

Ses derniers mots sont : guildes corporatives pour la fabrication, relations patriarcales dans l'agriculture

Le sue ultime parole sono: corporazioni per la manifattura, relazioni patriarcali in agricoltura

En fin de compte, lorsque les faits historiques obstinés ont dispersé tous les effets enivrants de l'auto-tromperie

Alla fine, quando i fatti storici ostinati avevano disperso tutti gli effetti inebrianti dell'autoinganno

cette forme de socialisme se termina par un misérable accès de pitié

questa forma di socialismo finì in un miserabile impeto di pietà

c) Le socialisme allemand, ou « vrai »
c) Socialismo tedesco, o "vero",

La littérature socialiste et communiste de France est née sous la pression d'une bourgeoisie au pouvoir
La letteratura socialista e comunista francese ha avuto origine sotto la pressione di una borghesia al potere
Et cette littérature était l'expression de la lutte contre ce pouvoir
E questa letteratura era l'espressione della lotta contro questo potere
elle a été introduite en Allemagne à une époque où la bourgeoisie venait de commencer sa lutte contre l'absolutisme féodal
fu introdotto in Germania in un momento in cui la borghesia aveva appena iniziato la sua lotta contro l'assolutismo feudale
Les philosophes allemands, les prétendus philosophes et les beaux esprits, s'emparèrent avidement de cette littérature
I filosofi tedeschi, gli aspiranti filosofi e i bei prits si impadronirono avidamente di questa letteratura
mais ils oubliaient que les écrits avaient émigré de France en Allemagne sans apporter avec eux les conditions sociales françaises
ma dimenticarono che gli scritti emigrarono dalla Francia in Germania senza portare con sé le condizioni sociali francesi
Au contact des conditions sociales allemandes, cette littérature française perd toute sa signification pratique immédiate
A contatto con le condizioni sociali tedesche, questa letteratura francese perse tutto il suo significato pratico immediato
et la littérature communiste de France a pris un aspect purement littéraire dans les cercles académiques allemands
e la letteratura comunista francese assunse un aspetto puramente letterario nei circoli accademici tedeschi

Ainsi, les exigences de la première Révolution française n'étaient rien d'autre que les exigences de la « raison pratique »

Così, le rivendicazioni della prima Rivoluzione francese non erano altro che le rivendicazioni della "ragion pratica"

et l'expression de la volonté de la bourgeoisie française révolutionnaire signifiait à leurs yeux la loi de la volonté pure

e l'espressione della volontà della borghesia rivoluzionaria francese significava ai loro occhi la legge della pura volontà

il signifiait la Volonté telle qu'elle devait être ; de la vraie Volonté humaine en général

significava la Volontà come doveva essere; della vera Volontà umana in generale

Le monde des lettrés allemands ne consistait qu'à mettre les nouvelles idées françaises en harmonie avec leur ancienne conscience philosophique

Il mondo dei letterati tedeschi consisteva unicamente nel mettere in armonia le nuove idee francesi con la loro antica coscienza filosofica

ou plutôt, ils ont annexé les idées françaises sans déserter leur propre point de vue philosophique

o meglio, hanno annesso le idee francesi senza abbandonare il proprio punto di vista filosofico

Cette annexion s'est faite de la même manière que l'on s'approprie une langue étrangère, c'est-à-dire par la traduction

L'annessione è avvenuta nello stesso modo in cui ci si appropria di una lingua straniera, vale a dire per traduzione

Il est bien connu comment les moines ont écrit des vies stupides de saints catholiques sur des manuscrits

E' ben noto come i monaci scrivessero stupide vite di santi cattolici sui manoscritti

les manuscrits sur lesquels les œuvres classiques de l'ancien paganisme avaient été écrites

i manoscritti su cui erano state scritte le opere classiche
dell'antico paganesimo

**Les lettrés allemands ont inversé ce processus avec la
littérature française profane**

I letterati tedeschi invertirono questo processo con la
letteratura profana francese

**Ils ont écrit leurs absurdités philosophiques sous l'original
français**

Hanno scritto le loro sciocchezze filosofiche sotto l'originale
francese

**Par exemple, sous la critique française des fonctions
économiques de l'argent, ils ont écrit « L'aliénation de
l'humanité »**

Per esempio, sotto la critica francese alle funzioni economiche
del denaro, hanno scritto "Alienazione dell'umanità"

**au-dessous de la critique française de l'État bourgeois, ils
écrivaient « détrônement de la catégorie du général »**

sotto la critica francese allo Stato borghese si scriveva
"detronizzazione della categoria del generale"

**L'introduction de ces phrases philosophiques à la fin des
critiques historiques françaises qu'ils ont baptisées :**

L'introduzione di queste frasi filosofiche alla base delle
critiche storiche francesi che hanno soprannominato:

**« Philosophie de l'action », « Vrai socialisme », « Science
allemande du socialisme », « Fondement philosophique du
socialisme », etc**

"Filosofia dell'azione", "Vero socialismo", "Scienza tedesca del
socialismo", "Fondamento filosofico del socialismo" e così via

**La littérature socialiste et communiste française est ainsi
complètement émasculée**

La letteratura socialista e comunista francese fu così
completamente evirata

**entre les mains des philosophes allemands, elle cessa
d'exprimer la lutte d'une classe contre l'autre**

nelle mani dei filosofi tedeschi cessò di esprimere la lotta di
una classe contro l'altra

et c'est ainsi que les philosophes allemands se sentaient conscients d'avoir surmonté « l'unilatéralité française »

e così i filosofi tedeschi si sentivano coscienti di aver superato "l'unilateralità francese"

Il n'avait pas à représenter de vraies exigences, mais plutôt des exigences de vérité

Non doveva rappresentare le vere esigenze, piuttosto, rappresentava le esigenze della verità

il n'y avait pas d'intérêt pour le prolétariat, mais plutôt pour la nature humaine

non c'era interesse per il proletariato, ma c'era interesse per la natura umana

l'intérêt était dans l'Homme en général, qui n'appartient à aucune classe et n'a pas de réalité

l'interesse era per l'uomo in generale, che non appartiene a nessuna classe e non ha realtà

un homme qui n'existe que dans le royaume brumeux de la fantaisie philosophique

un uomo che esiste solo nel regno nebbioso della fantasia filosofica

mais finalement, ce socialisme allemand d'écolier perdit aussi son innocence pédante

ma alla fine anche questo socialismo tedesco da scolaro perse la sua pedante innocenza

la bourgeoisie allemande, et surtout la bourgeoisie prussienne, luttait contre l'aristocratie féodale

la borghesia tedesca, e specialmente la borghesia prussiana, combattevano contro l'aristocrazia feudale

la monarchie absolue de l'Allemagne et de la Prusse était également combattue

anche la monarchia assoluta di Germania e di Prussia veniva presa in giro

Et à son tour, la littérature du mouvement libéral est également devenue plus sérieuse

E a sua volta, anche la letteratura del movimento liberale divenne più seria

L'Allemagne a eu l'occasion longtemps souhaitée par le « vrai » socialisme de se voir offrir

La Germania ha avuto l'opportunità a lungo desiderata per il "vero" socialismo

l'occasion de confronter le mouvement politique aux revendications socialistes

l'opportunità di confrontare il movimento politico con le rivendicazioni socialiste

l'occasion de jeter les anathèmes traditionnels contre le libéralisme

L'opportunità di scagliare i tradizionali anatemi contro il liberalismo

l'occasion d'attaquer le gouvernement représentatif et la concurrence bourgeoise

l'opportunità di attaccare il governo rappresentativo e la concorrenza borghese

Liberté de la presse bourgeoise, législation bourgeoise, liberté et égalité bourgeoise

Libertà di stampa della borghesia, Legislazione della borghesia, Libertà e uguaglianza della borghesia

Tout cela pourrait maintenant être critiqué dans le monde réel, plutôt que dans la fantaisie

Tutto questo potrebbe ora essere criticato nel mondo reale, piuttosto che nella fantasia

L'aristocratie féodale et la monarchie absolue prêchaient depuis longtemps aux masses

L'aristocrazia feudale e la monarchia assoluta avevano a lungo predicato alle masse

« L'ouvrier n'a rien à perdre, et il a tout à gagner »

"L'operaio non ha nulla da perdere e ha tutto da guadagnare"

le mouvement bourgeois offrait aussi une chance de se confronter à ces platitudes

anche il movimento borghese offriva la possibilità di confrontarsi con questi luoghi comuni

la critique française présupposait l'existence d'une société bourgeoise moderne

la critica francese presupponeva l'esistenza di una moderna
società borghese

**Conditions économiques d'existence de la bourgeoisie et
constitution politique de la bourgeoisie**
Condizioni economiche di esistenza della borghesia e
costituzione politica della borghesia

**les choses mêmes dont la réalisation était l'objet de la lutte
imminente en Allemagne**
le stesse cose il cui raggiungimento era l'oggetto della lotta in
corso in Germania

**L'écho stupide du socialisme en Allemagne a abandonné ces
objectifs juste à temps**
La sciocca eco del socialismo in Germania ha abbandonato
questi obiettivi appena in tempo

**Les gouvernements absolus avaient leur suite de pasteurs,
de professeurs, d'écuyers de campagne et de fonctionnaires**
I governi assoluti avevano il loro seguito di parroci, professori,
signorotti e funzionari

**le gouvernement de l'époque a répondu aux soulèvements
de la classe ouvrière allemande par des coups de fouet et des
balles**
il governo dell'epoca rispose alle insurrezioni della classe
operaia tedesca con fustigazioni e pallottole

**pour eux, ce socialisme était un épouvantail bienvenu contre
la bourgeoisie menaçante**
per loro questo socialismo serviva da gradito spaventapasseri
contro la borghesia minacciosa

**et le gouvernement allemand a pu offrir un dessert sucré
après les pilules amères qu'il a distribuées**
e il governo tedesco è stato in grado di offrire un dolce dessert
dopo le pillole amare che ha distribuito

**ce « vrai » socialisme servait donc aux gouvernements
d'arme pour combattre la bourgeoisie allemande**
questo "vero" socialismo servì così ai governi come arma per
combattere la borghesia tedesca

et, en même temps, il représentait directement un intérêt réactionnaire ; celle des Philistins allemands

e, allo stesso tempo, rappresentava direttamente un interesse reazionario; quella dei Filistei tedeschi

En Allemagne, la petite bourgeoisie est la véritable base sociale de l'état de choses actuel

In Germania la classe della piccola borghesia è la vera base sociale dello stato di cose esistente

une relique du XVIe siècle qui n'a cessé de surgir sous diverses formes

Una reliquia del XVI secolo che è costantemente emersa sotto varie forme

Conserver cette classe, c'est préserver l'état de choses existant en Allemagne

Preservare questa classe significa preservare lo stato di cose esistente in Germania

La suprématie industrielle et politique de la bourgeoisie menace la petite bourgeoisie d'une destruction certaine

La supremazia industriale e politica della borghesia minaccia la piccola borghesia di sicura distruzione

d'une part, elle menace de détruire la petite bourgeoisie par la concentration du capital

da un lato, minaccia di distruggere la piccola borghesia attraverso la concentrazione del capitale

d'autre part, la bourgeoisie menace de la détruire par l'avènement d'un prolétariat révolutionnaire

dall'altra parte, la borghesia minaccia di distruggerla con l'ascesa di un proletariato rivoluzionario

Le « vrai » socialisme semblait faire d'une pierre deux coups. Il s'est répandu comme une épidémie

Il "vero" socialismo sembrava prendere questi due piccioni con una fava. Si diffuse come un'epidemia

La robe de toiles d'araignées spéculatives, brodée de fleurs de rhétorique, trempée dans la rosée du sentiment maladif

La veste di ragnatele speculative, ricamata di fiori di retorica, intrisa della rugiada di un sentimento malaticcio

**cette robe transcendantale dans laquelle les socialistes
allemands enveloppaient leurs tristes « vérités éternelles »**

questa veste trascendentale in cui i socialisti tedeschi
avvolsero le loro tristi "verità eterne"

**tout de peau et d'os, servaient à augmenter
merveilleusement la vente de leurs marchandises auprès
d'un public aussi**

tutto pelle e ossa, servirono ad aumentare meravigliosamente
la vendita dei loro prodotti tra un pubblico così

**Et de son côté, le socialisme allemand reconnaissait de plus
en plus sa propre vocation**

E da parte sua, il socialismo tedesco riconosceva, sempre di
più, la propria vocazione

**on l'appelait à être le représentant grandiloquent de la
petite-bourgeoisie philistine**

era chiamato ad essere il roboante rappresentante della piccola
borghesia filistea

**Il proclamait que la nation allemande était la nation modèle,
et le petit philistin allemand l'homme modèle**

Proclamò che la nazione tedesca era la nazione modello, e il
piccolo filisteo tedesco l'uomo modello

**À chaque méchanceté de cet homme modèle, elle donnait
une interprétation socialiste cachée, plus élevée**

A ogni malvagia meschinità di quest'uomo modello dava
un'interpretazione nascosta, più alta, socialista

**cette interprétation socialiste supérieure était l'exact
contraire de son caractère réel**

questa interpretazione superiore e socialista era l'esatto
contrario del suo vero carattere

**Il est allé jusqu'à s'opposer directement à la tendance «
brutalement destructrice » du communisme**

Arrivò al punto di opporsi direttamente alla tendenza
"brutalmente distruttiva" del comunismo

**et il proclamait son mépris suprême et impartial de toutes
les luttes de classes**

e proclamava il suo supremo e imparziale disprezzo di tutte le lotte di classe

À de très rares exceptions près, toutes les publications dites socialistes et communistes qui circulent aujourd'hui (1847) en Allemagne appartiennent au domaine de cette littérature nauséabonde et énervante

Con pochissime eccezioni, tutte le cosiddette pubblicazioni socialiste e comuniste che circolano ora (1847) in Germania appartengono al dominio di questa letteratura sporca e snervante

2) Le socialisme conservateur ou le socialisme bourgeois
2) Socialismo conservatore, o socialismo Borghese

Une partie de la bourgeoisie est désireuse de redresser les griefs sociaux
Una parte della borghesia è desiderosa di rimediare alle rimostranze sociali

afin d'assurer la pérennité de la société bourgeoise
al fine di assicurare la continuazione dell'esistenza della società borghese

C'est à cette section qu'appartiennent les économistes, les philanthropes, les humanitaires
A questa sezione appartengono economisti, filantropi, umanitari

améliorateurs de la condition de la classe ouvrière et organisateurs de la charité
miglioratori della condizione della classe operaia e organizzatori di carità

membres des sociétés de prévention de la cruauté envers les animaux
Membri di associazioni per la prevenzione della crudeltà verso gli animali

fanatiques de la tempérance, réformateurs de toutes sortes imaginables
Fanatici della temperanza, riformatori di ogni tipo immaginabile

Cette forme de socialisme a, d'ailleurs, été élaborée en systèmes complets
Questa forma di socialismo, inoltre, è stata elaborata in sistemi completi

On peut citer la « Philosophie de la Misère » de Proudhon comme exemple de cette forme
Possiamo citare la "Philosophie de la Misère" di Proudhon come esempio di questa forma

La bourgeoisie socialiste veut tous les avantages des conditions sociales modernes

La borghesia socialista vuole tutti i vantaggi delle condizioni sociali moderne

mais la bourgeoisie socialiste ne veut pas nécessairement des luttes et des dangers qui en résultent

ma la borghesia socialista non vuole necessariamente le lotte e i pericoli che ne derivano

Ils désirent l'état actuel de la société, sans ses éléments révolutionnaires et désintégrateurs

Desiderano lo stato attuale della società, senza i suoi elementi rivoluzionari e disgregatori

c'est-à-dire qu'ils veulent une bourgeoisie sans prolétariat

in altre parole, vogliono una borghesia senza proletariato

La bourgeoisie conçoit naturellement le monde dans lequel elle est souveraine d'être la meilleure

La borghesia concepisce naturalmente il mondo in cui è supremo essere il migliore

et le socialisme bourgeois développe cette conception confortable en divers systèmes plus ou moins complets

e il socialismo borghese sviluppa questa concezione comoda in vari sistemi più o meno completi

ils voudraient beaucoup que le prolétariat marche droit dans la Nouvelle Jérusalem sociale

vorrebbero che il proletariato marciasse subito nella Nuova Gerusalemme sociale

Mais en réalité, elle exige du prolétariat qu'il reste dans les limites de la société existante

Ma in realtà richiede che il proletariato rimanga entro i limiti della società esistente

ils demandent au prolétariat de se débarrasser de toutes ses idées haineuses sur la bourgeoisie

chiedono al proletariato di gettare via tutte le loro odiose idee sulla borghesia

il y a une seconde forme plus pratique, mais moins systématique, de ce socialisme

c'è una seconda forma più pratica, ma meno sistematica, di questo socialismo

Cette forme de socialisme cherchait à déprécier tout mouvement révolutionnaire aux yeux de la classe ouvrière

Questa forma di socialismo cercava di svalutare ogni movimento rivoluzionario agli occhi della classe operaia

Ils soutiennent qu'aucune simple réforme politique ne pourrait leur être d'un quelconque avantage

Sostengono che nessuna semplice riforma politica potrebbe essere di alcun vantaggio per loro

Seul un changement dans les conditions matérielles d'existence dans les relations économiques est bénéfique

solo un cambiamento delle condizioni materiali di esistenza nei rapporti economici è di beneficio

Comme le communisme, cette forme de socialisme prône un changement des conditions matérielles d'existence

Come il comunismo, questa forma di socialismo auspica un cambiamento delle condizioni materiali di esistenza

Cependant, cette forme de socialisme ne suggère nullement l'abolition des rapports de production bourgeois

tuttavia, questa forma di socialismo non suggerisce affatto l'abolizione dei rapporti di produzione borghesi

l'abolition des rapports de production bourgeois ne peut se faire que par la révolution

l'abolizione dei rapporti di produzione borghesi può essere raggiunta solo attraverso una rivoluzione

Mais au lieu d'une révolution, cette forme de socialisme suggère des réformes administratives

Ma invece di una rivoluzione, questa forma di socialismo suggerisce riforme amministrative

et ces réformes administratives seraient fondées sur la pérennité de ces relations

e queste riforme amministrative si baserebbero sulla continuazione di queste relazioni

réformes qui n'affectent en rien les rapports entre le capital et le travail

riforme, quindi, che non incidono in alcun modo sui rapporti tra capitale e lavoro

au mieux, de telles réformes réduisent le coût et simplifient le travail administratif du gouvernement bourgeois

nella migliore delle ipotesi, tali riforme diminuiscono i costi e semplificano il lavoro amministrativo del governo borghese

Le socialisme bourgeois atteint une expression adéquate lorsque, et seulement lorsque, il devient une simple figure de style

Il socialismo borghese raggiunge un'espressione adeguata quando, e solo quando, diventa una semplice figura retorica

Le libre-échange : au profit de la classe ouvrière

Libero scambio: a beneficio della classe operaia

Les devoirs protecteurs : au profit de la classe ouvrière

Doveri di protezione: a beneficio della classe operaia

Réforme pénitentiaire : au profit de la classe ouvrière

Riforma carceraria: a beneficio della classe operaia

C'est le dernier mot et le seul mot sérieux du socialisme bourgeois

Questa è l'ultima parola e l'unica parola seriamente intesa del socialismo borghese

Elle se résume dans la phrase : la bourgeoisie est une bourgeoisie au profit de la classe ouvrière

Si riassume nella frase: la borghesia è una borghesia a beneficio della classe operaia

3) Socialisme et communisme utopiques critiques
3) Socialismo critico-utopico e comunismo

Nous ne nous référons pas ici à la littérature qui a toujours donné la parole aux revendications du prolétariat
Non ci riferiamo qui a quella letteratura che ha sempre dato voce alle rivendicazioni del proletariato

cela a été présent dans toutes les grandes révolutions modernes, comme les écrits de Babeuf et d'autres
questo è stato presente in ogni grande rivoluzione moderna, come gli scritti di Babeuf e altri

Les premières tentatives directes du prolétariat pour parvenir à ses propres fins échouèrent nécessairement
I primi tentativi diretti del proletariato di raggiungere i propri fini fallirono necessariamente

Ces tentatives ont été faites dans des temps d'effervescence universelle, lorsque la société féodale était renversée
Questi tentativi furono fatti in tempi di eccitazione universale, quando la società feudale veniva rovesciata

L'état alors peu développé du prolétariat a conduit à l'échec de ces tentatives
Lo stato allora sottosviluppato del proletariato fece fallire quei tentativi

et ils ont échoué en raison de l'absence des conditions économiques pour son émancipation
e fallirono per l'assenza delle condizioni economiche per la sua emancipazione

conditions qui n'avaient pas encore été produites, et qui ne pouvaient être produites que par l'époque de la bourgeoisie
condizioni che dovevano ancora essere prodotte, e che potevano essere prodotte solo dall'imminente epoca della borghesia

La littérature révolutionnaire qui accompagnait ces premiers mouvements du prolétariat avait nécessairement un caractère réactionnaire

La letteratura rivoluzionaria che accompagnò questi primi
movimenti del proletariato ebbe necessariamente un carattere
reazionario

**Cette littérature inculquait l'ascétisme universel et le
nivellement social dans sa forme la plus grossière**

Questa letteratura inculcava l'ascetismo universale e il
livellamento sociale nella sua forma più cruda

**Les systèmes socialistes et communistes, proprement dits,
naissent au début de la période sous-développée**

I sistemi socialista e comunista, propriamente detti, sorgono
all'esistenza nel primo periodo non sviluppato

**Saint-Simon, Fourier, Owen et d'autres, ont décrit la lutte
entre le prolétariat et la bourgeoisie (voir section 1)**

Saint-Simon, Fourier, Owen e altri, hanno descritto la lotta tra
proletariato e borghesia (vedi Sezione 1)

**Les fondateurs de ces systèmes voient, en effet, les
antagonismes de classe**

I fondatori di questi sistemi vedono, infatti, gli antagonismi di
classe

**Ils voient aussi l'action des éléments en décomposition, dans
la forme dominante de la société**

Vedono anche l'azione degli elementi in decomposizione, nella
forma prevalente della società

**Mais le prolétariat, encore à ses débuts, leur offre le
spectacle d'une classe sans aucune initiative historique**

Ma il proletariato, ancora agli albori, offre loro lo spettacolo di
una classe senza alcuna iniziativa storica

**Ils voient le spectacle d'une classe sociale sans aucun
mouvement politique indépendant**

Vedono lo spettacolo di una classe sociale senza alcun
movimento politico indipendente

**Le développement de l'antagonisme de classe va de pair
avec le développement de l'industrie**

Lo sviluppo dell'antagonismo di classe va di pari passo con lo
sviluppo dell'industria

La situation économique ne leur offre donc pas encore les conditions matérielles de l'émancipation du prolétariat

Perciò la situazione economica non offre ancora loro le condizioni materiali per l'emancipazione del proletariato

Ils cherchent donc une nouvelle science sociale, de nouvelles lois sociales, qui doivent créer ces conditions

Cercano quindi una nuova scienza sociale, nuove leggi sociali, che creino queste condizioni

l'action historique, c'est céder à leur action inventive personnelle

l'azione storica è cedere alla loro personale azione inventiva

Les conditions d'émancipation créées historiquement doivent céder la place à des conditions fantastiques

Le condizioni di emancipazione create storicamente devono cedere a condizioni fantastiche

et l'organisation de classe graduelle et spontanée du prolétariat doit céder la place à l'organisation de la société

e l'organizzazione di classe graduale e spontanea del proletariato deve cedere il passo all'organizzazione della società

l'organisation de la société spécialement conçue par ces inventeurs

l'organizzazione della società appositamente escogitata da questi inventori

L'histoire future se résout, à leurs yeux, dans la propagande et l'exécution pratique de leurs projets sociaux

La storia futura si risolve, ai loro occhi, nella propaganda e nell'attuazione pratica dei loro piani sociali

Dans l'élaboration de leurs plans, ils ont conscience de s'occuper avant tout des intérêts de la classe ouvrière

Nella formazione dei loro piani essi sono coscienti di preoccuparsi principalmente degli interessi della classe operaia

Ce n'est que du point de vue d'être la classe la plus souffrante que le prolétariat existe pour eux

Solo dal punto di vista della classe più sofferente il
proletariato esiste per loro

**L'état sous-développé de la lutte des classes et leur propre
environnement informent leurs opinions**

Lo stato di sottosviluppo della lotta di classe e il loro ambiente
informano le loro opinioni

**Les socialistes de ce genre se considèrent comme bien
supérieurs à tous les antagonismes de classe**

I socialisti di questo tipo si considerano di gran lunga
superiori a tutti gli antagonismi di classe

**Ils veulent améliorer la condition de tous les membres de la
société, même celle des plus favorisés**

Vogliono migliorare la condizione di ogni membro della
società, anche quella dei più favoriti

**Par conséquent, ils s'adressent habituellement à la société
dans son ensemble, sans distinction de classe**

Quindi, si rivolgono abitualmente alla società in generale,
senza distinzione di classe

**Bien plus, ils font appel à la société dans son ensemble de
préférence à la classe dirigeante**

anzi, si rivolgono alla società in generale preferendo la classe
dominante

**Pour eux, tout ce qu'il faut, c'est que les autres comprennent
leur système**

Per loro, tutto ciò che serve è che gli altri capiscano il loro
sistema

**Car comment les gens peuvent-ils ne pas voir que le
meilleur plan possible est le meilleur état possible de la
société ?**

Perché come si può non vedere che il miglior piano possibile è
per il miglior stato possibile della società?

**C'est pourquoi ils rejettent toute action politique, et surtout
toute action révolutionnaire**

Perciò essi rifiutano ogni azione politica, e specialmente ogni
azione rivoluzionaria

ils veulent arriver à leurs fins par des moyens pacifiques

desiderano raggiungere i loro fini con mezzi pacifici

ils s'efforcent, par de petites expériences, qui sont nécessairement vouées à l'échec

tentano, con piccoli esperimenti, che sono necessariamente destinati al fallimento

et par la force de l'exemple, ils essaient d'ouvrir la voie au nouvel Évangile social

e con la forza dell'esempio cercano di aprire la strada al nuovo Vangelo sociale

De tels tableaux fantastiques de la société future, peints à une époque où le prolétariat est encore dans un état très sous-développé

Immagini fantastiche della società futura, dipinte in un'epoca in cui il proletariato è ancora in uno stato molto sottosviluppato

et il n'a encore qu'une conception fantasmatique de sa propre position

e non ha che una concezione fantastica della propria posizione

Mais leurs premières aspirations instinctives correspondent aux aspirations du prolétariat

ma le loro prime aspirazioni istintive corrispondono alle aspirazioni del proletariato

L'un et l'autre aspirent à une reconstruction générale de la société

Entrambi anelano ad una ricostruzione generale della società

Mais ces publications socialistes et communistes contiennent aussi un élément critique

Ma queste pubblicazioni socialiste e comuniste contengono anche un elemento critico

Ils s'attaquent à tous les principes de la société existante

Attaccano ogni principio della società esistente

C'est pourquoi ils sont remplis des matériaux les plus précieux pour l'illumination de la classe ouvrière

Perciò sono pieni dei materiali più preziosi per l'illuminazione della classe operaia

Ils proposent l'abolition de la distinction entre la ville et la campagne, et la famille

Propongono l'abolizione della distinzione tra città e campagna, e la famiglia

la suppression de l'exercice de l'industrie pour le compte des particuliers

l'abolizione dell'esercizio di industrie per conto di privati

et l'abolition du salariat et la proclamation de l'harmonie sociale

e l'abolizione del sistema salariale e la proclamazione dell'armonia sociale

la transformation des fonctions de l'État en une simple surveillance de la production

la trasformazione delle funzioni dello Stato in una mera sovrintendenza alla produzione

Toutes ces propositions ne pointent que vers la disparition des antagonismes de classe

Tutte queste proposte puntano unicamente alla scomparsa degli antagonismi di classe

Les antagonismes de classe ne faisaient alors que surgir

Gli antagonismi di classe, a quel tempo, stavano appena emergendo

Dans ces publications, ces antagonismes de classe ne sont reconnus que dans leurs formes les plus anciennes, indistinctes et indéfinies

In queste pubblicazioni questi antagonismi di classe sono riconosciuti solo nelle loro forme più antiche, indistinte e indefinite

Ces propositions ont donc un caractère purement utopique

Queste proposte, quindi, hanno un carattere puramente utopico

La signification du socialisme et du communisme critiques-utopiques est en relation inverse avec le développement historique

L'importanza del socialismo critico-utopico e del comunismo ha una relazione inversa con lo sviluppo storico

La lutte de classe moderne se développera et continuera à prendre une forme définitive

La lotta di classe moderna si svilupperà e continuerà ad assumere una forma definita

Cette réputation fantastique du concours perdra toute valeur pratique

Questa fantastica posizione del concorso perderà ogni valore pratico

Ces attaques fantastiques contre les antagonismes de classe perdront toute justification théorique

Questi fantastici attacchi agli antagonismi di classe perderanno ogni giustificazione teorica

Les initiateurs de ces systèmes étaient, à bien des égards, révolutionnaires

I creatori di questi sistemi furono, per molti aspetti, rivoluzionari

Mais leurs disciples n'ont, dans tous les cas, formé que des sectes réactionnaires

ma i loro discepoli hanno, in ogni caso, formato semplici sette reazionarie

Ils s'en tiennent fermement aux vues originales de leurs maîtres

Si aggrappano saldamente alle vedute originali dei loro padroni

Mais ces vues s'opposent au développement historique progressif du prolétariat

Ma queste concezioni sono in contrasto con il progressivo sviluppo storico del proletariato

Ils s'efforcent donc, et cela constamment, d'étouffer la lutte des classes

Essi, quindi, si sforzano, e con coerenza, di smorzare la lotta di classe

et ils s'efforcent constamment de concilier les antagonismes de classe

e si sforzano costantemente di conciliare gli antagonismi di classe

Ils rêvent encore de la réalisation expérimentale de leurs utopies sociales

Sognano ancora la realizzazione sperimentale delle loro utopie sociali

ils rêvent encore de fonder des « phalanstères » isolés et d'établir des « colonies d'origine »

sognano ancora di fondare "falansteri" isolati e di fondare "colonie domestiche"

ils rêvent de mettre en place une « Petite Icarie » – éditions duodecimo de la Nouvelle Jérusalem

sognano di creare una "Piccola Icaria" – edizioni duodecimo della Nuova Gerusalemme

Et ils rêvent de réaliser tous ces châteaux dans les airs

e sognano di realizzare tutti questi castelli in aria

Ils sont obligés de faire appel aux sentiments et aux bourses des bourgeois

sono costretti a fare appello ai sentimenti e alle tasche della borghesia

Peu à peu, ils s'enfoncent dans la catégorie des socialistes conservateurs réactionnaires décrits ci-dessus

A poco a poco sprofondano nella categoria dei socialisti conservatori reazionari sopra descritti

ils ne diffèrent de ceux-ci que par une pédanterie plus systématique

differiscono da questi solo per una pedanteria più sistematica

et ils diffèrent par leur croyance fanatique et superstitieuse aux effets miraculeux de leur science sociale

e differiscono per la loro fede fanatica e superstiziosa negli effetti miracolosi della loro scienza sociale

Ils s'opposent donc violemment à toute action politique de la part de la classe ouvrière

Essi, quindi, si oppongono violentemente ad ogni azione politica da parte della classe operaia

une telle action, selon eux, ne peut résulter que d'une incrédulité aveugle dans le nouvel Évangile

tale azione, secondo loro, può derivare solo da una cieca
incredulità nel nuovo Vangelo

**Les owénistes en Angleterre et les fouriéristes en France
s'opposent respectivement aux chartistes et aux réformistes**
Gli oweniti in Inghilterra e i fourieristi in Francia,
rispettivamente, si oppongono ai cartisti e ai "réformisti"

Position des communistes par rapport aux divers partis d'opposition existants
Posizione dei comunisti nei confronti dei vari partiti di opposizione esistenti

La section II a mis en évidence les relations des communistes avec les partis ouvriers existants
La sezione II ha chiarito i rapporti dei comunisti con i partiti operai esistenti
comme les chartistes en Angleterre et les réformateurs agraires en Amérique
come i cartisti in Inghilterra e i riformatori agrari in America
Les communistes luttent pour la réalisation des objectifs immédiats
I comunisti lottano per il raggiungimento degli obiettivi immediati
Ils luttent pour l'application des intérêts momentanés de la classe ouvrière
Lottano per l'imposizione degli interessi momentanei della classe operaia
Mais dans le mouvement politique d'aujourd'hui, ils représentent et s'occupent aussi de l'avenir de ce mouvement
Ma nel movimento politico del presente, essi rappresentano e si prendono cura anche del futuro di quel movimento
En France, les communistes s'allient avec les social-démocrates
In Francia i comunisti si alleano con i socialdemocratici
et ils se positionnent contre la bourgeoisie conservatrice et radicale
e si posizionano contro la borghesia conservatrice e radicale
cependant, ils se réservent le droit d'adopter une position critique à l'égard des phrases et des illusions traditionnellement héritées de la grande Révolution

tuttavia, si riservano il diritto di assumere una posizione
critica nei confronti delle frasi e delle illusioni
tradizionalmente tramandate dalla grande Rivoluzione

**En Suisse, ils soutiennent les radicaux, sans perdre de vue
que ce parti est composé d'éléments antagonistes**
In Svizzera appoggiano i radicali, senza perdere di vista il
fatto che questo partito è composto da elementi antagonisti

**en partie des socialistes démocrates, au sens français du
terme, en partie de la bourgeoisie radicale**
in parte di socialisti democratici, nel senso francese, in parte di
borghesia radicale

**En Pologne, ils soutiennent le parti qui insiste sur la
révolution agraire comme condition première de
l'émancipation nationale**
In Polonia appoggiano il partito che insiste sulla rivoluzione
agraria come condizione primaria per l'emancipazione
nazionale

ce parti qui fomenta l'insurrection de Cracovie en 1846
quel partito che fomentò l'insurrezione di Cracovia nel 1846

**En Allemagne, ils luttent avec la bourgeoisie chaque fois
qu'elle agit de manière révolutionnaire**
In Germania combattono contro la borghesia ogni volta che
agisce in modo rivoluzionario

**contre la monarchie absolue, l'escroc féodal et la petite
bourgeoisie**
contro la monarchia assoluta, lo scudiero feudale e la piccola
borghesia

**Mais ils ne cessent jamais, un seul instant, inculquer à la
classe ouvrière une idée particulière**
Ma essi non cessano mai, nemmeno per un istante, di instillare
nella classe operaia un'idea particolare

**la reconnaissance la plus claire possible de l'antagonisme
hostile entre la bourgeoisie et le prolétariat**
il riconoscimento più chiaro possibile dell'antagonismo ostile
tra borghesia e proletariato

afin que les ouvriers allemands puissent immédiatement utiliser les armes dont ils disposent

in modo che gli operai tedeschi possano usare immediatamente le armi a loro disposizione

les conditions sociales et politiques que la bourgeoisie doit nécessairement introduire en même temps que sa suprématie

le condizioni sociali e politiche che la borghesia deve necessariamente introdurre insieme alla sua supremazia

la chute des classes réactionnaires en Allemagne est inévitable

la caduta delle classi reazionarie in Germania è inevitabile

et alors la lutte contre la bourgeoisie elle-même peut commencer immédiatement

e allora la lotta contro la borghesia stessa può cominciare immediatamente

Les communistes tournent leur attention principalement vers l'Allemagne, parce que ce pays est à la veille d'une révolution bourgeoise

I comunisti rivolgono la loro attenzione soprattutto alla Germania, perché questo paese è alla vigilia di una rivoluzione borghese

une révolution qui ne manquera pas de s'accomplir dans des conditions plus avancées de la civilisation européenne

una rivoluzione che è destinata a compiersi nelle condizioni più avanzate della civiltà europea

Et elle ne manquera pas de se faire avec un prolétariat beaucoup plus développé

ed è destinata ad essere attuata con un proletariato molto più sviluppato

un prolétariat plus avancé que celui de l'Angleterre au XVIIe siècle, et celui de la France au XVIIIe siècle

un proletariato più progredito di quello dell'Inghilterra nel XVII secolo e della Francia nel XVIII secolo

et parce que la révolution bourgeoise en Allemagne ne sera que le prélude d'une révolution prolétarienne qui suivra immédiatement

e perché la rivoluzione borghese in Germania non sarà che il preludio di una rivoluzione proletaria immediatamente successiva

Bref, partout les communistes soutiennent tout mouvement révolutionnaire contre l'ordre social et politique existant

In breve, i comunisti appoggiano dappertutto ogni movimento rivoluzionario contro l'ordine sociale e politico esistente

Dans tous ces mouvements, ils mettent au premier plan, comme la question maîtresse de chacun d'eux, la question de la propriété

In tutti questi movimenti essi portano in primo piano, come questione principale in ciascuno di essi, la questione della proprietà

quel que soit son degré de développement dans ce pays à ce moment-là

non importa quale sia il suo grado di sviluppo in quel paese in quel momento

Enfin, ils œuvrent partout pour l'union et l'accord des partis démocratiques de tous les pays

Infine, lavorano dappertutto per l'unione e l'accordo dei partiti democratici di tutti i paesi

Les communistes dédaignent de dissimuler leurs vues et leurs objectifs

I comunisti disdegnano di nascondere le loro opinioni e i loro obiettivi

Ils déclarent ouvertement que leurs fins ne peuvent être atteintes que par le renversement par la force de toutes les conditions sociales existantes

Dichiarano apertamente che i loro fini possono essere raggiunti solo con il rovesciamento forzato di tutte le condizioni sociali esistenti

Que les classes dirigeantes tremblent devant une révolution communiste

Che le classi dominanti tremino di fronte a una rivoluzione comunista
Les prolétaires n'ont rien d'autre à perdre que leurs chaînes
I proletari non hanno nulla da perdere se non le loro catene
Ils ont un monde à gagner
Hanno un mondo da vincere
TRAVAILLEURS DE TOUS LES PAYS, UNISSEZ-VOUS !
LAVORATORI DI TUTTI I PAESI, UNITEVI!

www.ingramcontent.com/pod-product-compliance
Lightning Source LLC
Chambersburg PA
CBHW011737020426
42333CB00024B/2926